大是文化

合格大人得懂的事

어른의 일

時間到了，人人都會長大成人，
但不是人人都能**長成大人**。

曾任韓國最大廣告公司文案創作，
知名散文作家
孫惠珍（손혜진）◎著
邱麟翔 ◎譯

CONTENTS

CONTENTS

第二章——獨立

在物質面上脫離父母，過自己的生活

第三章——喜好

開始上班和獨立後，才享有的報酬

CONTENTS

第四章——戀愛

身為大人也會失敗的事

推薦序一

自己的大人模樣，由自己決定

職涯生涯教練、「布姐陪你聰明工作創意生活」版主／**布姐**

身為職涯生涯教練，我經常在學校、社團演講或提供諮詢服務，並藉著這些機會，接觸到許多迷惘的年輕人。在聊天過程中可以得知，大部分朋友對未來的期待與想像，很多來自身邊師長的告知，或是透過社群媒體去了解。

許多人對人生的認知與設定，就跟本書作者孫惠珍一樣，認為從小到大就是按照「小學中學大學，工作戀愛結婚」的公式，如此既安全，又可以活成社會期待的樣子，於是開始照著這條既定的路去走。

結果，不僅活得不快樂，也越走越焦慮、越活越擔憂，就像作者一樣，照著所謂理想的生活努力過活了，但有時心情好苦悶啊。也常告訴自己，只要度過那段艱難的時期，或多或少都會有所收穫並且成長吧。

但很多時候，是要邊走邊學、哭過痛過才會知道，也才會長大。而且試過與練習過後，才慢慢發現別人說的那條康莊大道，不一定適合自己，自己也不一定喜歡；那雙人人吹捧且高貴的高跟鞋，別人好像穿得很自在、很漂亮、很驕傲，但自己穿上去，就是怎麼都不合腳。

原來，別人的生命經驗可以當個指引，但自己的人生，還是得自己去體驗、去感受。

作者很在乎自己在別人眼中是什麼樣子，心裡有許多想做的事，卻又不敢跨出第一步。例如想要染個自己很喜歡的金髮，心中糾結了很久，有超級多的擔憂，像是擔心會不會傷髮質、頭皮會不會變得很敏感脆弱、金髮會不會不適合自己、會不會被客戶討厭……但後來實在受不了內心的渴望，也擔心以後會後悔，最後還是下定決心去染了。沒想到染完頭髮後，看到自己的模樣，心情變得很好。不但如此，也因為髮色特別，吸引了許多認識與不認識的人來寒暄，開啟了美好的對話與自信。

所以說，幸福就是了解自己的喜歡，並無畏的做自己，不是為了迎合他人期待而行動。那怎麼樣可以成為自己喜歡的樣貌呢？看自己怎麼定義所謂的「好」最重要。

作者經由寫作生活的日常，去反思、意識到自己的思想，並藉著獨立生活找到自我。當別人不經意的問起：「有沒有什麼好消息？」、「最近好嗎？」因為有了自信並自我了解，現在不需要再躲躲藏藏、回應一些言不及義的話，或是迎合對方、說出對方想聽的答案，而是可以大聲且坦白的說——我很健康，也過得很幸福！

如果你擔心自己跟別人不一樣，卻也討厭自己和別人過於相像；如果你覺得迷惘，但沒有人懂你、理解你的心情、體會你的難處；如果你希望有人能站在很遠的地方，靜靜的看著你，讓你感受到溫暖，那你可以閱讀本書中生活日常的四大面向——上班、獨立、喜好、戀愛，走進作者的世界，讓她成為你的同伴，陪伴你在跌跌撞撞中，找到並變成自己喜歡的大人的模樣。

推薦序二

成為大人才懂──用每個選擇去成就現在的自己

時尚勵志作家／吳姮翎

嗨，最近的你過得好嗎？

《合格大人得懂的事》作者孫惠珍說，當別人問起最近好嗎？她總說：「我沒生病、沒重大變故……我是沒生病沒錯，卻總是累到讓我懷疑自己是不是生病了。」平凡卻疲累的人生，就是多數上班族的生活寫照。從一個小上班族開始努力的她，也是這樣一邊工作，一邊帶著困惑前行。

如果剛好現在的你，回答「過得好不好」時帶著困惑，那麼本書也許就是一個很好的開始，讓我們從他人的平凡生活中看見自己，黑暗裡就有了微光，同時讓我們得以前行。

我對於書中的內容很有共鳴。例如孫惠珍小時候的夢想是作家，也因此她一邊工作也不忘自己的夢想，包括參加「週四寫作日」持之以恆的耕耘創作，不停學習，最後還出國進修英語，把結婚的嫁妝拿來遊學。當她意識到自己想要學習，就可以一直勇往直前，跌跌撞撞的過程也都攤在書裡，這些成就不是理所當然，而是在每個摔倒又爬起來的過程中，逐漸長成自己喜歡的模樣。

從一個小小上班族做起，多數人的人生都是這樣開始第一份工作，孫惠珍也不例外。

我特別喜歡她談工作，〈「下班」比「辭職」好〉這篇完美詮釋了上班族的心聲。一般來說，上班不開心就想離職，或是揪團罵老闆，可是孫惠珍給了我們另一個職場想像——她認為，下班就是下班、是一種生活的界線，重獲屬於自己的時間；不要把自己的生活跟工作都綁在一起，直至離職才能解脫，那真的太辛苦了。如此一來，工作似乎比較不那麼難熬，下班後的時間也可以投入在喜歡做的事情上。

我也喜歡她分享「截止日」，有截止時間就可以寫出作品。我覺得這真的很寫實，因為多數文字工作者都是這樣，總是在截稿前後，才靈光一閃。

對孫惠珍來說，沒生病、沒變故，生活卻總是讓她感覺到生病了；對我來說，即使確實歷經了罹癌、治療、落髮，但是當有人問起：「嗨，最近過得好嗎？」我仍然會想一下，思考好不好與生病的關係。明明是這麼簡單的問題，卻好像有點難作答，因為好與不好真的很難用三言兩語帶過；又或者，是我自己把問題想得太難了，簡單回答就好。

後來，我總是回答還可以，不好也不壞。而我相信，只有自己可以決定自己的樣子，當堅強與脆弱相輔相成，拿回對生命的決定權，才能孕育出純然、真實的勇氣。

那你呢？問問自己過得好不好？如果剛好也帶著一點對生命或是現狀的困惑，那麼也許可以從本書看見一個小人物的努力，如何把你我一般的平凡人生，透過每個選擇，成就自己的不平凡。

推薦序三

做出合格大人的承諾，fighting！

作家、丹鳳高中圖書館主任／宋怡慧

二〇二〇年，書市開始流行毒雞湯文，這些作者並沒有在你跌得鼻青臉腫時，扶你一把；也沒有想用正向陽光的文字，給你溫暖的摸摸頭，讓你心靈備受溫暖，而是在你自怨自艾時，及時在你後腦勺拍了一掌。

人生可以拉你一把的，永遠就只有你自己。是的，生氣不如爭氣，這些作者和本書作者孫惠珍一樣，期待讀者在文字的微光下，學會爬出暗黑深淵，為自己目前「壞透了」的生活，找到重新開始的契機。

《合格大人得懂的事》告訴我們：如何透過「自學」，找到成為合格大人的祕訣；如何藉由「自探」，將魯蛇心態轉移為贏家心態；如何在千萬競爭者中，發現自己的亮點，活出自己的風采。

子曰：「三十而立」，「三十」好像是成為合格大人前的一個緊箍咒。三十歲了，沒個好工作，失格；三十歲了，沒個好伴侶，失格；三十歲了，沒有第一桶金，失格；沒有好的人脈金礦，失格；沒有走在夢想的路上，失格。當你被歸類為「大人」這種獨立個體，就是要為自己的人生負責。

若你用心爬梳作者書寫出來的經歷，仿若關關難過、關關失格的人生。那麼，她憑什麼教我們躍遷為合格的大人呢？如果你這樣想，就失去閱讀這本書的樂趣與收穫了。

每個人都是當了父母才學會做父母的，也都是到了三十，才知道三十而立是什麼心情與壓力。孫惠珍娓娓道來的，是處處碰壁又絕處逢生的經驗；失敗並不可恥，可恥的是，我們自甘悄悄的為自己關上「fighting」的門。

她從摸索到自省，自省到覺知，覺知到行動，告訴讀者：行動常常是最困難的決定，卻也是自我突破的關鍵。她為長大這個名詞找到一個動態的儀式，期待自己能「按順序」完成人生四件事——好好上班養活自己；獨立自主、掌握經濟；懂得投資自己，有目標的前進；好好談個戀愛，做個能談情說愛的神隊友。

這本書不是教你成功的公式，也不是要你照本宣科找到合格大人的指標，作者很誠懇的分享在跌跌撞撞的長大歷程中，沒有白走的路、白流的淚、白摔的傷，即便是糟透了的人生，都值得你認真為自己負責，並做出合格大人fighting的承諾。

我特別喜歡書末這句話：你有好好正視自己的需求和欲望嗎？

沒錯，要成為合格大人前，你必須慎重坐下來問自己：你想成為怎樣的大人？什麼叫做合格的標準？你打算如何幫助自己合格過關，卻也不虧待自己內心的小孩？在作者深入淺出又層次井然的敘寫下，我猜你也開始往合格大人的路上fighting了。

前言
跌跌撞撞成為大人的那些日子

回顧我的人生，其實並不怎麼曲折。既沒什麼了不起的成就，也沒什麼重大的挫敗，偶爾經歷一點小波折，不知不覺，就成長到這個年紀。我沒特別希望自己快點變成大人，但我被歸類為「大人」，已經有很長一段時間了。我一直不敢相信自己是大人了，總覺得一點都不像。我竟然是大人了……竟然是大人了！

在我的想像裡，大人的生活就算不像長篇的連續劇，至少也會像是一齣迷你劇。我以為，變成大人後，我會成為我一直以來夢想的小說家；或者在公司裡快速升遷，成為劃時代女強人；住在一棟有書房、更衣室、大片窗戶、大片景觀，還有陽光灑落的房子裡。我以為，長大後的我，有空就會讀讀英文小說、拉拉大提琴、跳跳華爾滋；接著，談一場轟轟烈烈的戀愛，與男友結婚，在三十歲左右，成為兩個孩子的媽。

可是，翻開我的真實生活一看，卻是一齣天天播出的情境喜劇（因為是每天播出，所以發生趣事的頻率並不高，嚴格來說，還比較像是「隔兩天播出的情境喜劇」）。即使過了三十歲，依然面試失利；好不容易買到房子，自己出的錢也沒有銀行多；碰到沒興趣、未知的領域，就先退縮了；相親過一個又一個對象，但至今依然沒有好結果。

我的昨天跟今天差不多，明天大概也會跟今天差不多。偶爾，生活中會發生一些小插曲，那時，我就會提筆寫字。

成為大人後，越來越多事情找上門，我也遇上各種不同的機緣。回顧我在那些時刻所寫下的文字，其中，竟然有一些共同之處。

那些事情，從來沒人教過我；每一件事，都讓我感到既陌生又不知所措。不知道為什麼，貌似除了我以外，每個人都做得很好。我將那些事情，稱之為「大人的事」：

「上班」，是透過勞動換取收入，以餵飽、養活自己，是多數「大人」都在做的最基本的事。大學畢業前的準備就業期間，我在某次通勤時間搭地鐵時，內心受到了震撼：有這麼多人趕著上班，我卻無處可去……我也好想要到某個地方上班。從那時起，在我心中，「上班」就跟工作、職業、職場、收入等名詞劃上了等號。

「獨立」，是自己又一次意識到「我已經是大人了」。雖然不是所有大人都很獨立，但不知為何，獨立這件事，似乎唯有大人才能做到。自從在物質面、經濟面上脫離父母，開始一個人生活以後，我也漸漸接觸到房地產、貸款、生計……一個個以往聽起來跟自己毫不相關、令人感到沉重的名詞。

「喜好」，是你開始上班和獨立之後享有的一種權利，如同報酬一般。小時候，我的喜好若不是跟媽媽一樣，就是依據CP值而定；可是，自從開始上班和獨立，並擁有自己的錢和空間之後，我不得不擁有自己的喜好。本來我還以為，喜好會隨著時間，自然而然產生；不過出乎我意料的是，一旦我什麼都不做，就永遠不會擁有自己的喜好，於是我開始積極去探索。

「**戀愛**」，大概是最大人的事了吧。以前的我深信，成為大人後，自然會戀愛順利，可是，無論我再怎麼想把戀愛談好，未來仍是一片模糊。當我以為自己變得很堅強的時候，戀愛還是會將我擊垮，使我不自覺嘆道：「唉！看來我還是成不了大人啊！」

經歷這些大人的事，雖然經常覺得辛苦，但大多時候，我仍感到幸福，這都要拜寫作所賜。唯有寫作，我才得以度過一個又一個苦悶的時刻。

希望本書可以成為各位的「預告」和「重播」，或者，讓各位看看哪些看似不起眼的大人的事，可能攪走你的心思。另一方面，我也希望本書就像一部可以輕鬆觀看的Vlog，讓各位一邊笑著讀，一邊想：「噢！她也會那樣耶，跟我一樣！」一如我因為寫作而獲得了慰藉，要是我的文字，能夠讓某個正走得跌跌撞撞的人也獲得力量的話，那麼，今天的我也會過得很幸福。

第一章

上班

以勞動換取收入，
餵飽、養活自己

1——來自他人的問候

「最近過得好嗎？」

嗯，還不錯囉。

迅速回答完這個每次見面必問的問題之後，我不禁想了很多。這麼平凡的一句問候，卻要想這麼多，我還以為自己大概過得不太好吧；但仔細一想，我似乎也沒過得多糟。這樣的話，我算是過得不錯，不是嗎？

我沒生病、沒重大變故，能吃我想吃的東西、買我想買的東西，現在，也正在做著一些我想做的事情。

不過，我是沒生病沒錯，卻總是累到讓我懷疑自己是不是生病了；時不時就會發生的小事，更是助長我的疲憊；我生活的恩格爾係數❶明明接近一〇〇%，卻經常在買完生活必需品後，又咬牙買下我想買的東西，藉此催眠自己。所以，我雖然過得不是挺好，倒也不是過得不好，就這樣不上不下的活著，儘管多數人想必都是這樣……。

「最近有沒有發生什麼事？」

如果要回答這個問題，大家必須先對「什麼才稱得上『事』」有個共識。搬家、結婚、住院、換工作、談戀愛、分手，這些應該都算事吧！可是，如果一樣住在原本的地方、待在原來的公司、相親過幾次但沒一次成功，縱使有些事有點特別，但前陣子已經結束而不再特別了，那我應該說些什麼好？

公司主管結婚、我休了兩個星期的長假、有新的廣告作品出來、喜歡的電視節目收播了，這些能稱之為事嗎？它們對我而言都是特別的事，但我想，對方應

---

❶ 表示生活水準高低的一個指標，計算公式：恩格爾係數＝食物支出金額÷總支出金額。

該不是為了聽這些已經結束或即將結束的瑣碎小事，才問我的吧。所以，我的確有不少特別的事發生，但真要說，似乎也沒多特別。

「嗨，還好嗎？」

這句話，是在問生活是否安好、整個人生是否安好，還是在問夢想完成得如何？依我這麼再三咀嚼這個問題看來，答案大概是「並不怎麼好」。

如果我工作了十二小時，我會去健身房運動一個半小時；如果工作了十三小時，我就去不了健身房（因為過了營業時間）；如果工作了十四小時，我會自掏腰包個一千五百韓元（譯註：金額單位皆為韓元，一韓元約等於新臺幣〇．〇二六元）坐地鐵，晚上十二點半到家；如果工作了十五小時，我會報公司的帳，花三萬七千五百韓元坐計程車，半夜一點到家。工作了十二小時的人和工作了十五小時的人，在業務量與成果上，會有明顯的差異嗎？若是每天相差三小時，那麼一、兩年後，就可能產生很大的差異。

想練馬甲線沒練成，反而椎間盤突出；原本可以在地鐵上讀一百頁的書，最後卻花了三萬七千五百韓元坐計程車，還讓自己焦慮不安（我覺得坐計程車很恐怖），我依舊不放在心上。至於長期累積下來的疲勞，以及人際關係、自我充電、戀愛、結婚、生小孩，又該怎麼辦呢？

當然，我知道，不可能一年三百六十五天都加班，只要業務上了軌道，加班的頻率就會降低。

只要度過那段艱難的時期，或多或少都會有所收穫並且成長吧。

「我成長了」很重要，「我成長了多少」也很重要。當對方問：「嗨，還好嗎？」我的回答會根據對方把重點放在哪，而有所不同。

所以，今天的我，稱不上過得好，也沒過得不好；目前正在經歷一些算不上「事」的事情，過著不好也不壞的生活——你可能已經猜到，當我陷入思考、回答的句子變長的時候，代表我其實心有不滿，而且還會找時間寫下這樣的文字。

2 把面試搞砸了

收到面試邀請時，不知為何，我不太想赴約，即使那是一家很多廣告人都想進去的公司……只要想到那幾乎一模一樣的公司形象，以及我進去之後會遇到各種優秀的同事，我的內心就變得很沉重。

進去面試會場之前，我一直告訴自己不要想那些，但我還是忍不住退縮。照理來說，面試者應該是面臨「你到底哪來的自信？」才對，而不是需要被鼓勵：「你要對自己更有信心一點。」

結束簡短的面試後，我找到我退縮的原因了；而那三十分鐘的時間裡，我的人生就像在接受他人品評。

面試過程中，我突然了解，我不是沒有自信，而是沒有自信感的來源。這一點，面試官們不可能不知道。或許，他們正是先發現了這一點，才在面試過程中暗示：我之所以退縮，不是因為別人特別優秀，而是因為我沒有出息。不，應該說，我越來越沒有出息。

從一開始的基本提問，我就產生挫折了。自我介紹也是一場糊塗，原因很簡單：因為我沒有準備。面試官問我：「為什麼出社會的這五年來，妳換了三次工作？」雖然我回答：「因為我年輕的時候判斷錯誤，現在回想起來很後悔。」但事實上，並不是因為我年輕不懂事。

大學畢業後的求職期間，我沒有任何多益考試的成績，而且只把履歷寄給我聽過的公司。雖然後來我幸運的被錄取了，但我不是很喜歡那家公司，原因是公司裡的人看起來明明沒有特別厲害，卻經常無視我，頻頻熬夜加班也讓我疲憊不堪。可是，**我辭職的最大原因，不是因為我覺得辛苦，而是因為公司讓我不滿意**。自從我氣得喊：「才給那一點點薪水，就把人使喚來、使喚去，還無視我！」**然後離開之後，我的職涯就變得很不順**。

我的第二份工作，是在一家連鎖補習班擔任講師；雖然採時薪制，薪水並不多，但我有很多空閒時間。只是那段期間，我大多泡在英語咖啡廳裡念書或逛求職網站，其實也沒特別做什麼。

接著，某一天，我被解僱了，原因是「補習班營運狀況不佳」。假如那時我沒被解僱，說不定到現在，我依然在糊里糊塗的過日子。如今想來，那時沒了工作，反而是件好事；不過，後來在某公司擔任約聘實習生的六個月期間，我的態度仍未改變。

當實習生時，因為沒有主管一直管我，業務量也不多，所以我常常準時下班。但那時候，我既沒好好寫履歷，也沒打算考英語考試，對任何事情都感到既厭煩，又興趣缺缺。很快的，約聘期滿，我又變成了無業遊民。

三個月後，我總算找到了工作，但這跟我每天都勤上網找工作、學開車、考多益、充實自己的履歷沒什麼關係，反倒是因為我接受現實、降低標準，去了一家要我的公司。

仔細一想，雖然那是走投無路之下的選擇，但幸好我是收到指令就立刻執行的那種員工，或者說至少不會開天窗，就算加班、熬夜，都會完成任何需要完成的工作，有時甚至完成了沒被吩咐到的工作。不過，相較於認真且一點一滴的把工作做完，更多時候，我只是擅長靈機應變而已。

有時候，我一樣會因為工作迫在眉睫而慌了手腳。雖然時常抱怨工作太多，但比起去思考怎麼更有效率的完成工作，我反而花了更多時間在看新聞、喝咖啡，以及浪費時間。

所以，當面試官問我，我工作時的強項是什麼，並要我舉出具體實例時，我非常慌張。因為過去的三年半以來，我只記得我把屁股黏在椅子上，除此之外，就想不起其他事情了。

但一開始，我先故作鎮定的回答：「我很會整理。」意思是，廣告企劃公司的所有業務，我都可以處理。無論是提案、簡報、抓時程及預算、報價、簽約、架網站、企劃、文案、編輯、廣告製作及執行，還是應對客戶或合作方，都沒有問題，就像一家全天候提供服務的企劃公司。

就在我進一步說明之前，面試官打斷了我：「意思就是，妳沒有擅長的事情。」我隨即迸出一句：「我很會寫文案。」可回答得這麼籠統，反而更顯得工作內容很模糊，連帶的我未來能夠達成的事情，也很模糊。

不過，最令我丟臉之際，是面試官問我，我負責了一年多的品牌，其核心行銷訴求是什麼。當我回答到一半，面試官又打斷了我，並且再次闡明問題的重點，要我給出確切的答案。我一邊摸索著他們要的答案到底是什麼，內心一邊逐漸出現一把怒火。如此回答的過程中，我突然了解到：原來，過去工作的時候，我**從來沒有去觸碰事情的核心**，只在邊上打轉——我是「**沒有深度，只停留在表面**」的那種人。那一刻，我彷彿渾身赤裸的站在一群專家面前。

不知道怎麼寫企劃書的起承轉合；簡報做得很陽春；勉強讓行事曆看起來不空洞；經營了一年多卻不理解品牌核心究竟是什麼，只回答一些誰都說得出來的話；現在的強項跟十年前剛進大學時差不了多少……十分鐘內，我就讓面試官看出自己的心慌；我，就是一個這麼菜、這麼普通的面試者。

而且，面對這麼無精打采，又找不到自己必須得到這份工作的迫切理由（說迫切太誇張的話，改成意志或熱情也行），只是一直殺時間、偶爾才參加一次面試的求職者，任何一個擔任面試官的人都能夠看穿。

結束短期語言進修後就懶得繼續讀英語；不想研究近幾年的趨勢，也不想從以往的經驗裡學到什麼、改善點什麼——我的這些真面目，他們都看出來了。明明有很多時間，我卻什麼也沒做。看著他們一副「這種人不太適合……」的表情，我實在深感抱歉。

雖然他們把我看扁的那個眼神很過分，但我實在太沒有分量了。本來還以為面試一定會很順利，原來，這一切都只是我驕傲自滿而已。

我很好奇，怎麼樣才算是「無法比這個更好了」。

我總是在「好像可以做得更好，但我不打算這樣」的時候，把事情結束掉。國高中的大考、大學的作業、社團或公司的活動，都是這樣，甚至語言進修、求職的時候，也是如此。我雖然從沒出包過，但也從沒拿出過傑作，就這樣過著不上不下的人生。

阻止我前進的，不是我的主修、不是就業困難、不是英語、不是階級流動越來越困難的社會結構，而是**我從來沒拚盡全力、鍥而不捨的堅持某件事情**——因為我從**不挑戰，所以也從未失敗**；因為我從**不努力，所以也從未感到挫折**。

其實，我一直以來都只盡到頂多八〇％的努力而已，只是拜運氣好所賜，成果會從八十分變成一百分，或從六十分變成八十分。後來，我也越來越習慣只出不到六〇％的力氣。於是，我再也不清楚、不相信自己的能力何在，而且在那些出身自最高學府、進入最大廣告公司的人們面前，總是變得畏畏縮縮。

這不只是因為他們很出色，還有當他們拿出大把鈔票請家教、得到很高的多益分數、與容易被錄取的人共組讀書會時，我反倒什麼也沒做，同時卻還妄想著，如果與他們共事，我無論如何都能夠跟上他們。

事到如今，我該怎麼辦？只要想到「今後我似乎也不會改變」，就感到心煩。

我怕我會在自己和那些出色的人們之間，築起一道牆，並且認為自己永遠翻越不了，從此放棄；我不知道自己應該從何開始努力；我還是會認為，好好生活真的很麻煩，而且只想成功、不想失敗……這樣的我，究竟該怎麼辦？

新的一天又開始了。今天，我能夠好好的過嗎？唉……昨晚不安的心情，就像經歷一場面試啊……。

3——語言進修，不分年齡

每當有人聽到我三十歲後去加拿大進修語言的事，都會問我：「為何要在那個年紀把穩定的工作辭掉，選擇出國？」而對方會這麼問，倒也不是因為預期聽到「解除婚約或被解僱，所以不得不出國進修語言」等重大理由。

每個人對於「何謂穩定的工作」，都抱持著不同想法，但我之所以辭職去進修語言，原因是：

一、換工作的時候，我發現，任何公司都希望找精通英語的人。

二、很多事情要用英語和外國客戶溝通。

三、經常熬夜加班，薪水卻還是只有一點點，這似乎都是因為英語能力不足的關係。

四、假如歌手PSY不會說英語，〈江南Style〉這首歌應該就不會爆紅吧。

五、我就是想把英語學好。

六、如同噎著的食物，英語一直是我在意、自卑之處，工作幾年依然如此。

大致上，原因就是這幾點。但，我會根據不同的情況，選其中幾點來回答。面試的時候，我會提一和二，偶爾加上六；對許久見面一次的朋友，我會說三這個原因；面對不熟的人，我會回答四；如果心情好，我會說五，並且提到韓國已故散文家皮千得《一枚銀幣》裡，「就是想擁有一枚銀幣」的老乞丐的故事❷。

語言進修完畢回國，我找遍了寫著「精通英語者，待遇從優」的招聘廣告，並順利被錄取後，或多或少克服了第一個原因，而第六個原因也在工作期間逐漸被解決了。可是，其他原因依然存在，因為回國後，我並未繼續積極學習。

在加拿大那段時間，我的英語能力雖大幅增長，可惜回國後，很快又回到原點。我不僅沒有積極準備參加多益考試，而且除了偶爾跟外國同事說笑，或者跟在溫哥華認識的外國朋友聊天以外，我幾乎沒用到英語（那陣子只在英語補習班上了兩週的課）。

就在我迫切想要進修語言的心情逐漸消失殆盡、英語能力也慢慢退回原點的時候，公司讓我接下了一個名稱含有「Global」、範圍遍及五個亞洲國家的專案。雖然做的事情只是寄信給香港人，而且總要查過字典才寫得出內容，但那段期間，我還是感受到了出國進修語言所帶來的好處。

後來，我接到了英語真正派上用場的工作——某韓流明星是我們公司專案的模特兒，我得用英語傳訊息給他的智利臉書專頁管理員，告訴對方我是誰、為何聯絡他、想要如何與他管理的專頁合作。我與那位管理員互通訊息了好一陣子，也聊到遙遠的智利，有許多人熱愛著韓國藝人。處在不同文化與國家中的兩個人

❷《一枚銀幣》故事敘述一名老乞丐帶著一枚銀幣到錢莊，給掌櫃確認銀幣是否能用，後來被認為錢是偷來、地上撿到，或別人施捨的，他才說是自己蒐集了半年的銅錢，才換成那一枚銀幣，而原因只是「想擁有一枚銀幣」。

能夠用英語交談、展開業務上的合作，實在很神奇。我不僅為此感到興奮，還內心澎湃。

關於我在「三十歲以後」拋下「穩定的工作」、把「原本要用於嫁妝的錢」拿去進修語言的原因，我能夠用前面提到的幾個例子來清楚說明嗎？再怎麼想，我還是不知道答案。但，不管原因到底為何，在去進修語言之前，我絕對不可能主動用英語傳訊息給其他國家的人。所以，我連高興都來不及了。

雖然我常說：「出國進修語言不是什麼特別的事，而且現在的大學生裡有一半的人都去過，我只是比較晚去而已。」但我光是因為能用英語跟外國人對話就高興不已，那麼我的內心深處，其實也認為進修語言是件了不起的事情吧。

每次想起進修語言的那段時光，我的心情就會好起來。從這一點來看，我花在加拿大的那些錢和時間，就已經值回票價；再加上後來的工作又用到英語，所以發揮出來的價值其實更大。希望以後，我可以擁有更多使用英語的機會，而且每次使用英語，都會感到幸福。

4——一點一滴成長的職場智慧

在廣告業工作的五年間，我經歷過幾次狂風暴雨般的時期。雖然當下很辛苦，但事情過了以後，我往往會覺得，自己也學到很多；只不過，偶爾還是會有明明很辛苦，卻學不到什麼東西的時候，這時我都會覺得自己很不幸。

無論是辭掉工作、前往加拿大的時候，還是回國後把自己依然不怎麼樣的英語能力寫上履歷表、準備找新工作的時候，我都認為，我所做的廣告企劃工作，相較於它的工作強度，並沒有獲得合理且應有的待遇。所以我相信，自己經歷了好幾次殘酷的考驗，已經學得夠多，是時候轉換到其他領域了。

不過，待回到廣告業且工作了一年，我常常想：「看來，我不太一樣了。」以前，我總以為自己高人一等；但現在，我開始認為，或許，我也不過是個平凡人罷了。自然而然，我也更少論斷或品評他人（我不敢說我完全不會），因為我會覺得，**自己沒有立場去教訓或責怪任何人**。

以前，我以為我到任何地方，一定都會受到別人的喜愛和關注；如今，我了解到這件事也可能不會發生。我還以為我的適應力很強；但現在，我知道其實也不盡然如此。於是，面對那些不被人重視、無法融入團體的人，我似乎比較能夠同理了。

以前，我認為工作量多就是不好的；但現在，如果上班時間不被工作填滿，或者準時下班的話，我會覺得很不好意思。就是這樣的心態：**工作少，不如工作多；儘管加班很累，內心卻很坦然**。相較於之前的公司，現在我負責的業務規模更大，可以嘗試的項目也更多。我知道，**「我可以做更多不一樣的事情」，這件事本身就是好的**，所以就算業務量變多，我也甘之如飴。

這週是我負責新的品牌項目以來，最辛苦的一週。不但事情多，而且很多事情都是第一次嘗試，我還要面對許多不認識的人，簡直累出了新境界，不僅頭痛、感冒、變胖樣樣來，還睡眠不足、無法專注，工作也沒有減少的跡象。星期五下午，當我在內心大喊：「唉……這週未免太瘋狂了吧！」的時候，發生了一件事，讓我這週的疲勞瞬間消失——只不過，那件事並沒有消除我這週的疲勞，而是讓我感覺到龐大的壓力，掩蓋過我先前的所有疲勞。

事情的起頭是這樣的：模特兒的公司突然告知，無法如期進行拍攝。他們在星期五下午三點打電話來，表示要取消下週一的拍攝行程。聽到這裡，我整個人都暈了，因為我們可能就此損失好幾千萬韓元。雖然後來我們談好在別天拍攝，好不容易穩定住局面，問題卻又一個一個的爆出來，我再怎麼努力解決也沒用，結果只換來責罵：「都是妳的錯！」

一開始，我還不停的想：「我到底做錯了什麼？」但，來回了無數通電話和信件，以及聽到模特兒公司再三表示「不行」的時候，我才終於慢慢看出，自己到底應該做什麼。為了讓我自己以後不再遇到這類事情，我決定將我在這天學到的教訓記錄下來。

〈沒什麼條理的教訓〉

- 沒有人會故意把事情搞砸；但，也沒有人會主動負起責任。
- 就算害怕別人覺得你煩或什麼的，你也要像死咬著不放的狗，要求對方給你一個具體且明白的確認。
- 每個人定義的「一天」都不太一樣；雖然韓國《勞基法》規定「一天的工作時間最多八個小時」，但劇組的工作時間是「一天二十四個小時」。
- 這個時代，依然有很多人認為，網路廣告遠遜於電視廣告。
- 有時候，我就算寫了十封信給對方主管，也比不上我們主管打給對方高層的一通電話。

由於沒有人表示要負責到底，我便站出來說：「我會為這一切負責，而且從此離開廣告業。」

沒想到，我得到的回應居然是「我辭職也不夠彌補」。哼！該死！

5——截止日的神蹟

我信仰某一種神，祂的名字是「截止日神」，而創造這位神的人就是我……不，更確切而言，應該是我呼喚了祂的名字，祂才降臨到這世間。雖然祂對每個人的靈驗度不太一樣，每個人信仰祂的程度也不盡相同，但，每個人一輩子至少都會遇上祂一次。這就是我所信仰的神——截止日神。

如同祂的名號，截止日神會在某件事即將截止的時候降臨到你身邊，比方說期中考或交報告、企劃書、履歷表的期限快到之際，祂就會出現。儘管祂不會每次都出現，不過當你面臨重要的事，一旦來不及達成就會功虧一簣，這就是祂主要出現的時候。

例如，我想了好幾天都想不出來的事情，卻在截止日前一天早上，吹頭髮的時候突然想到；我熬了整個晚上依然寫不完的報告，卻在截止日當天早上，搭地鐵去學校的路上順利寫完；考試前十分鐘，朋友出的考題，我竟然記得最清楚。

「原來，我也可以專注到這種程度?!」那一刻，我遇見了截止日神。

雖然只有偶爾，但我早上按掉鬧鐘、不小心睡過頭時，截止日神也會在我身上顯現其神蹟。平常我都要花三十分鐘才能出門上班，但截止日神來找我的那一天，我十分鐘就能夠沖好澡、穿好衣服、塗好ＢＢ霜、吹好頭髮、穿好鞋子。

我算是截止日神特別頻繁給予力量、而且給得特別多的那一種人，因為我創造了祂，祂才會給我不凡的能力；但確切而言，其實是只要面臨截止日，我就會特別來勁，如有神助。或許是我沒膽違背截止日，又或者是想遵守承諾，不管原因為何，總之在截止日前夕，我都會產生極高的專注力，並且憑著那股專注力，想方設法把事情完成（至於完成度有多高，又是另一回事了）。在廣告公司工作時，很多提案和報告，都是憑著那股力量做出來的。

現在，我依然認為，**有截止日的事情更好辦，即使事情的難度較高也一樣。**

截止日意味著熬夜與壓力，但它也是**帶你通往「自由」的入口**，因為**只要過了截止日，你就擺脫了那件事，並且獲得解放感，以及遵守承諾的滿足感**。真是多虧有截止日的存在，我才畢得了業、上得了班。

為了召喚截止日神，我甚至會自行訂下截止日期。例如，對方給我兩週的期限，我會自行縮減為一週（反正截止日前，我都會一直感到焦慮，而且最後一天才會開始）；就算對方表示事情不急，按照我的步調進行就可以，我也會盡量訂出截止日（否則，我說不定永遠不會動工）。

不過，我並沒有因為訂出截止日就每次都如期完成，也是會有來不及的時候，最後不得不延期或放棄。

偶爾，我會在截止日當天——不是截止日的「前一天」——才動工，連我自己都覺得不可思議。但我依然是截止日神的信徒，唯有截止日才能夠拯救我。

6 謝謝公司允許我來上班

在人類創造的所有制度裡，我最喜歡「上班」制度。

雖然有時會不想上班，但大多時候，我上班都是開開心心的。而且，仔細一想，我之所以不想上班，與其說是討厭去公司，不如說是因為我想多睡一點。

如此這般，沒班可上的那段時期，是我覺得最辛苦的時期。連最痛的一次分手都沒讓我感到生不如死，沒班可上卻讓我感到痛苦萬分，甚至認為，世界上最沒用的人就是我；而有班可上的時候，我會覺得對這個世界、這個公司，或者，至少對我手上的專案而言，**我還算是一個有用的人**。

我從來沒有「星期一症候群」的問題。每週日，我都會早起去教會做禮拜，這或許有助於我在週一保持良好的狀態，但不討厭去上班的這種心態，是我沒有星期一症候群困擾的主因。

我並不是指自己非常想去公司、期望著上班日到來、很期待上班當天會發生什麼事情，我只不過是不討厭去公司、不害怕上班日的到來、期待一天很快就會過去而已。我也不是喜歡工作甚於休假、喜歡平日甚於週末，而是喜歡將生活分為平日和週末。這就像一座有綠洲在內的沙漠，會讓人覺得美麗，而**辛苦工作後、有週末等待著你的平日，也顯得較為美麗**。

夏天，公司裡面很涼爽；冬天，公司裡面很溫暖。而且在公司，有固定的吃飯時間，還有人一起吃飯，甚至聽我滔滔不絕。

待在公司裡，能讓散漫的我變得專注，讓傷感的我不再常哭，讓窮酸的我偶爾也願意慷慨相助，讓一直活得很自我的我，也能夠變成一個夠社會化的人。

能夠來公司上班，真的很幸福。我要感謝過去所有聘請過我的公司，以及今天依然允許我來上班、目前我所任職的公司。可以的話，我想要一直、一直上班下去。

7——把工作帶回家……真的會做？

能夠在公司工作、在（自己的）家裡睡覺，是一件很幸福的事。

你可能會想：「這不是廢話嗎？」但，我曾經有段時間，很難將工作與生活分開，所以這句話，我一定要說出來。

有時候，我覺得留在公司加班也沒關係；但有時候，我連一刻也不想多待。當手上的業務很難產生進度，我雖然自知再怎麼努力，也一樣會卡在那裡，而且通常這種時候，距離截止日已經剩沒幾天，我還是常常在思考了一陣子後決定：「好！帶回家繼續弄！」然後，把開著的所有檔案都寄到我的個人信箱，收拾好東西回家。

可是，當我一走進家門，總是想要先洗澡，把一整天的汙垢和煩惱都沖掉。

「嗯！先好好洗個澡，再來工作！」

洗完澡後，因為全身舒爽，整個人懶洋洋，我就會開始有點想睡覺。

「好！看一下手機，再來工作！」

因為YouTube上有很多好看的、Instagram上有很多養眼的，我看了好一陣子，才終於坐到辦公桌前。

好！接下來，差不多該打開我剛剛寄給自己的那些電子郵件了……。

「哇！這件洋裝滿好看的。」

「哇！這個品牌最近在打折？」

「天啊！這兩個人在交往？」

結果，我一直點進購物商城、新聞和熱門搜尋關鍵字（做廣告行銷的人，你們真的很行）。

「天啊！我剛剛都在做什麼？噢，對！我要看電子郵件！」

打開信箱後，雖然我出乎意料的很快就切換到工作模式，但沒過多久，我又開始覺得我的腰有點怪怪的。

「不然，換個姿勢好了？」我拿著筆電坐到床上，背靠著牆，膝蓋彎曲，但是才打沒幾個字，又開始覺得腰比剛才更不舒服。於是，我把筆電放到床上，整個人趴下來，一手撐著下巴，繼續看資料，反而讓背和脖子越來越痠痛。再來我會想：「躺一下好了！」到這裡，差不多可以斷定我不可能工作了。

實際上，從我把工作帶回家的那一刻起，就註定不可能完成工作了。但，這一切還沒結束。

我原本只想躺一下，不過通常都會不小心睡著，接著在大約半夜十二點到一點多之間醒來。像這樣如果開著燈，又沒好好躺在枕頭上，那既稱不上睡著，也稱不上醒著。

「好！先睡一小時再起來好好工作吧！」設定鬧鐘之後，我決定關燈睡覺。然而上一秒，床明明對我有著強大的吸引力；下一秒，躺在床上的我卻睡不著了。翻來覆去三十分鐘左右，我好不容易慢慢睡著，沒過多久又被鬧鐘吵醒；由於「睡一小時」很趕，所以往往會睡不好，甚至變得比睡覺之前更累。

「好！全神貫注的話，只要兩個小時就能解決，我提早兩個小時起床吧！」

這麼想著重設鬧鐘再躺回床上的話，差不多可以說，我除了工作以外，連睡覺時間也毀了。我不只一直做夢，而且通常會在鬧鐘響起之前醒來。

如果那時我就決定起床工作，還算是比較好的結果；但是，我總會因為距離鬧鐘響起還有一段時間，而決定繼續睡下去。等到鬧鐘終於響了，比平常還要早兩個小時，我也會用比平常快兩倍的速度把鬧鐘按掉，打算多睡五分鐘……不料下一秒卻發現：天啊！我睡過頭了！怎麼會這樣？鬧鐘怎麼沒響？

結果，工作沒做完，覺也沒睡好。

「哼！下次我絕對不要再把工作帶回家了！」

就算這麼說，可是每當坐在我附近的同事一個個下班回家，原本溫馨的辦公室開始變得冷清，我又會遺忘上次的失敗，決定重新再戰。

「不然這次，我不要先洗澡，直接開始工作好了？」

想是這樣想，但回到家後，這次變成沒洗澡就上床睡覺。待我清晨驚醒、跑去洗澡、睡意全消，還是提不起勁工作，最後，我又忍不住打開LINE WEBTOON看漫畫……。

以後，我絕不要再相信自己了——**工作一定要在公司做**，拜託，一定要在公司做！

8——上班族的通病：椎間盤突出

醫生說，如果是痛到這種程度的話，應該不是最近才開始的。

我思考到一半的時候，突然嚇到了：說不定，我這個病已經有十年，甚至是十二年了。

一開始，我還以為是車禍的後遺症；後來，我以為是辦公姿勢不良，所以讓症狀惡化。近十年來，雖然一直都在痛，但因為我每天都坐在辦公桌前面工作十二個小時以上，所以我想，不會痛才奇怪吧，而且現在每個上班族，應該或多或少都有這個問題。但後來，我無論坐著、站著、正在走路、還是停下來，都會痛到喊：「噢，幹！為什麼一直都在痛啊？」儘管只有短短幾天，我卻開始擔心了起來。

我能夠以脊椎為中央，明確區分我身體的左半邊和右半邊，雖然每個人應該都會分辨左半邊和右半邊……這該怎麼解釋呢……我認為自己左半邊的感受特別清楚，或者說，特別「吵」？走路或站著的時候，如果身體的重心壓在左腳上，我的左腳就會抗議：「喂！太重啦！」並抱怨我身體的重量（呿！我才沒有那麼重！）；相反的，右半邊就像不存在一樣，非常安靜。每當我心想：「啊！原來健康是這麼安靜、這麼沒有感覺的狀態呀！」左半邊就會大叫：「啊！好痛！真的好痛！」

據說，都市裡，每三人就有一人有腰痛的問題。所以生活在都市裡，我聽到非常多種治療腰痛的方法和運動方式。

倒是我聽過很多人說他腰痛，卻從來沒聽過有人完全治好了。有人可能會想：「椎間盤突出到底是會有多痛？」不過，沒親身體會過那種既持續又刻骨銘心的痛苦之前，是不可能了解的！

一整天下來，你的腰、你的屁股、你的腿、你的手臂，都會讓你痛得想大叫，耗掉你非常多的精力。而且，你會一連好幾天都沒辦法正常洗澡，甚至會在半夜痛到醒來。

再來，因為疼痛，而且常常很累，所以暴怒的頻率也會上升。Excel公式一直出錯的時候、項鍊打結還解不開的時候，我的憤怒指數都會垂直飆高，讓我不禁擔心：這樣下去的話，我遲早會爆炸，太危險了。都說椎間盤突出這種病會打亂你的整個生活……不過發病的頻率未免太高了吧！

後來，因為腰太痛，我連坐著打字都有困難，坐下來打電腦沒多久，就必須躺下休息，再站起來伸展腰部。這個過程重複了幾次之後，我突然想到iPhone語音輸入的功能——幸好，我是懂得運用高科技的智人；不幸的是，也因為身為智人、必須用雙腳步行，所以我比其他脊椎動物，更容易罹患椎間盤突出。

如果你問我：「到底有多痛？」我會說：「我痛到開始憎恨好幾萬年前，第一隻用雙腳走路的人猿。」

一直冒出成人痘而痛苦萬分的那段期間，我曾經想：「只要別再讓我長痘痘，我什麼都可以接受！」因為，至少別人看不到我的痛苦。但現在，我只祈求別再讓我腰痛，而且終於理解「腰就是命」這句話，不是隨便說說而已。如果是骨折或盲腸炎那種有明確治療方法和復原天數的病痛，我還覺得比較好。只是，話說回來，如果現在我某處骨折了，我大概又會說：「腰痛的時候，至少我還能夠走路！」然後寧願自己腰痛吧。

我知道，就算我繼續怨恨史上第一個用雙腳步行的人猿——我甚至不知道是誰——或者一直覺得骨折、盲腸炎比較好，我的腰痛也不會因此好起來。所以，接下來，我要思考一些比較有建設性的想法，例如：腰痛的好處。

首先，我開始會觀察每個人的姿勢。過去，我根本不在乎別人是怎麼坐的；可自從腰痛以後，我開始發現，現代上班族的坐姿真的是一塌糊塗。

以前，某同事曾經罹患很嚴重的頸椎椎間盤突出。後來，**我聽說了他痊癒的原因是「辭職」**。

據說他原本痛到連手都動不了，但一辭職，症狀就澈底消失了。辦公室的工作到底是有多麼危害脊椎健康啊？

從此以後，我便將「椎間盤突出」視為上班族的通病，而我所想的治療方法大概是這樣的：到一間值得信賴的醫院接受治療，並且持續做皮拉提斯運動（Pilates）❸，直到你不再有任何痛的感覺。這可能需要花很長一段時間，但千萬不可以放棄。

經歷了那一段無論坐著、站著、甚至躺著，身體都會痛的時期，我開始意識到自己以前的坐姿到底有多麼歪、多麼常站成三七步。

人類出生之後，要六個月才能夠自行坐起，要十一個月才能夠站，要十二個月以上才學會走路。幸好，我現在還算年輕，依然有強烈的意志，要把這個病治好。從今以後，我要重新且好好的學習如何走、如何坐、如何站，而且這輩子都要以靈巧、有活力的身體活著才行。只是今晚，這些病痛仍繼續折磨著我。

❸一種全身協調運動，主要是鍛鍊人體深層的小肌肉群，達到身體平衡、伸展軀幹和肢體的活動範圍和能力、控制核心肌群，再配合正確的呼吸方式。

9——為了夢想而去上班

大學畢業前，我從未質疑過「要成為小說家」這個夢想。就算我畢業後沒立刻踏上成為小說家的路，而是先去找工作，也是因為我認為：「如果直接成為小說家，我現在的經歷和視野都還太狹窄了。」於是，野心勃勃的我計畫先在職場上打滾個五年，累積知識和經驗後，再開始寫作。

我的第一份工作只做了六個月，就落跑似的辭職了。後來，我陸陸續續做過兼職、實習、約聘制，一直到找到正職，不知不覺已經畢業滿三年。那時的我依然懷抱夢想，為了累積更多經驗，增廣日後寫作的範圍，便決定繼續上班。

我相信，所有的經歷、討人厭的客戶、很雷的同事，都將成為原動力，讓我寫出更好的作品。

上班之後，**我發現一個新人所能得到的知識和經驗，跟一個組長或經理是不同的**；一個二十多歲的人和一個三十多歲的人，在知識和經驗上面也差很多。雖然我為了得到這些經驗，不得不花時間在職場上打滾，偶爾還忘了自己的夢想，但我依然夢想著成為小說家，尚未放棄。

每當遇到一些以前想像不到的鳥事，並懷疑：「我是不是活太久了……。」我就會告訴自己：「啊，對了！拿它當小說題材！」然後把事情記在本子裡，藉此紓壓。身為成熟的大人，如果我遇到再也不可能成長或改變、徹頭徹尾的廢物，我只要暗自心想：「我一定會把你連名帶姓寫進小說裡！」好像就算是一種成功的報仇了。

「未來要成為小說家」這個夢想裡，「未來」可以一直不斷延後，實在萬幸。而且，這個夢想總給人一種很帥、很有那麼一回事的感覺。為了成為小說家，我變成了上班族；不過從某個角度來看，這段描述似乎變成了「我夢想成為小說家，所以才有機會當上班族」。然而，如果要成為小說家，我應該寫小說，而不是上班。我總是忘記這一點，或者說，總是「假裝」忘記了這一點。

10 辭職的徵兆

長期在工作強度高的廣告業工作，時常讓我覺得很辛苦。每到那種時刻，我就會問自己：「有辛苦到讓妳想辭職嗎？」如果答案是否定的，我就能夠繼續撐下去。

不知是幸還是不幸，在廣告業裡，辭職或換工作的頻率只要不要太高，就不是一件壞事，反而可以創造機會，或作為衡量個人能力的標準。

那個支持你走下去的理由，其實，只要下定決心，也可以說放棄就放棄。

那些一輩子都沒換過工作的人，在突然想要辭職的時候，到底是怎麼撐過去的？因為，人可以選擇辭職，也可以選擇不辭職。明明辛苦得想要辭職不幹了，卻還是咬牙撐過去，這種事情，一點也不容易。就算你忍得了一件事，你還是會在類似的事情不斷累積之下，再度迸出辭職的念頭。

有了幾次辭職的經驗後，我學會了一些技巧，其中一項是：如何找到不影響自己心理健康的最佳辭職時機。要做到這一點，你必須好好明白何謂「辭職的徵兆」，它會告訴你，何時應該辭職。目前，我找到了以下三點徵兆：

第一，無關理性，任何覺得心煩或鬱悶的時候。

聽說接下來要成立新的小組，我有預感自己會被調過去。心情固然有點微妙，但，不妙的成分更多。其實，換組是很稀鬆平常的事，公司每個月都會進行人員調動，不過我還是覺得很煩、很鬱悶，開始擔心新的組長和同事會是什麼樣子、負責的品牌諸如此類的，雖然做了某人應該做的業務，但很無趣。我突然覺得，自己的生活被迫改變，心裡因此有點受傷。

第二，突然出現對你沒幫助、又讓你討厭的人。

有一種人，你與他認識了好幾年，但彼此之間互不影響、關係甚微，連說

「認識」都有點困難。如果有一天，彷彿路人甲的那種人突然闖進來，扮演你生活裡的主角或配角，你會如何？他既沒有傷害你，也沒有與你對立，但你就是不喜歡他。對，就是這種人突然出現的時候。

第三，不能明說的事情越來越多。

我收到了兩封信。第一封信是要求員工在加班後搭乘計程車時，必須按照規定；內容有點強硬，而且某些敘述很隱晦，讓我的內心有點受挫。我其實想再釐清一些細節，卻不敢問出來，就怕自找麻煩。至於第二封信，是針對第一封信的補充說明。開完冗長的會議後，我好不容易回到座位上，詳讀第二封信，讀完卻哭了。

信的收件人是部門裡的所有人，所以隔壁同事應該也都收到信了，但，似乎不是所有人的反應都跟我一樣。我不敢問其他人是不是讀了那封信、讀完之後有何感受，也不敢說我讀完之後莫名其妙的哭了、不知為何心裡很鬱悶。偏偏那天我又很晚下班，待我終於回到家、洗完澡、躺在床上，我想說的話便一直不停的從腦中冒出來，害我翻來覆去。

結果，為了整理思緒，我寫日記寫到了凌晨兩點。只是寫在日記裡的那些話，我大概永遠都說不出口吧。

11 —— 離職前最後一封信

「您好，我是P公司的孫惠珍。」

我想，這應該是我最後一封，在名字前面冠上P公司的信吧。所以，就算這封信的每一個收件人，都是P公司的同仁，我仍執意寫上「P公司的孫惠珍」。不過辭職之後，我想大概會有好一段時間，我依然會習慣性的寫成「P公司的孫惠珍」。

幾個星期前，我就開始煩惱「給同事的最後一封信」該怎麼寫，還默默構想了開場白，有悲壯的版本，也有搞笑的版本。結果，不知不覺，就到了真正離職的那一天。

自從我下定決心要辭職，這幾個月以來，我深刻體會到**結束，比開始更能夠**

激勵一個人，內心特別舒暢。一直到幾天前，感受都是如此。我只要想：「再撐幾個月就結束了！」、「再撐幾天就結束了！」就能夠立刻氣消、疲勞全無、更加專注。

雖然我以後再也無法天天看見那些一起工作、同甘共苦了好幾年的同事，我卻不覺得我們會因為辭職而漸行漸遠，所以並不怎麼難過，畢竟再約就見得到面了。可是，昨天晚上，我的心情變得有點微妙。

入伍的前一天、結婚的前一天，是不是也像這樣呢？這兩件事情，我都沒經歷過，所以也不清楚。但是，我已經經歷過幾次「辭職的前一天」，所以很明確就感受到，這次的辭職有點不一樣。我躺在床上，盯著黑漆漆的天花板，想起自己一開始決定到P公司工作的時候。

那時的我，非常渴望上班。我覺得，似乎除了我以外，全世界的人每天都有地方可去。因此我認為，自己必須像所有人一樣去工作，才能夠成為社會裡的一員，進而決定到P公司上班。

隨著時間流逝，上班變成一件理所當然的事。雖然我偶爾會不想去上班，但大多時候，我上班都上得很開心，而我也經常以此為傲。可是仔細一想，我當初渴望上班的那份心情，如今已經褪色許多。於是，我終於找到自己心情變得微妙的原因……。

我的名片上再也不會寫我所屬的公司、下個月的最後一天再也不是發薪日，以及隨之而來的經濟壓力，這些可能都是原因之一，但，最大的原因應該是——我再也不會來這裡上班了。

即使我當初不是來P公司，而是到其他公司上班的話，離職之際可能也會有相同的感受，然而，我之所以能夠撐了三年五個月，是因為這裡是P公司，還有，因為這裡有大家。

現在，我將脫離公司的保護，獨自到社會裡闖蕩。**我再也無須為任何品牌或專案負責任**，無事一身輕；**不過這也代表，沒有公司能夠作為我的保護傘了**。我從未料想到，這件事會讓我睡不著。儘管知道自己不久之後，就會克服這份低落的心情，但我會努力記住它，不去忘記。

謝謝公司僱用我，允許我每天來上班。

這是我最後一次寫信給各位了。雖然以前有過不少憤恨、不平和埋怨，不過更多是充滿關愛、一起同樂、互相學習的珍貴時光，謝謝大家對我的照顧。

希望將來，我們都變得更好，在更棒的場合裡見到彼此。這封冗長的信，我就寫到這裡，各位珍重再見。

12
誤打誤撞成為行銷者

我本來的夢想，是成為一名小說家，從未夢想、也從未打算要成為一名行銷者（marketer）；可是某日，當我回神一看，卻發現自己已經成了一名行銷者。我既不是主修行銷，也從沒進修過，就這樣誤打誤撞；或許正是因為如此，每當我遇見那些打從一開始就立志成為行銷者的人，就會變得畏畏縮縮。

如果說，那些主修行銷或有志於此的人是「正統」行銷者，我便是「山寨」行銷者。有時候，當我遇見那些夢想成為行銷者的人，我還會感到抱歉，因為別人夢想了很久的事情，我無意間就達成了，這樣對嗎？

不過，我確實是一名行銷者。雖然不知道為什麼變成這樣，但做著做著，我發現自己其實很適合做行銷。

沒錯，行銷不是我的夢想，但這有什麼大不了？我現在的工作很好，我也做得很順利（這個嘛……），這不就行了嗎？

我只不過從來沒宣布「我要成為行銷者！」而已，說不定從某個時刻起，我已經踏上成為行銷者的路了。要比喻的話，這就像世界上有「一見鍾情」，也有「日久生情」，但你不能說：「只有其中一種才是真愛。」

我的同事們個個都強烈認為自己是行銷者，而且每個人都不停思考、鑽研、努力成為優秀的行銷者。看著他們，我總是又畏縮起來，但我決定要以他們的努力來砥礪自己，讓自己成為一個「日久生情型」的好行銷者，努力精進。

13 「下班」比「辭職」好

曾經，「上班」是我的夢想。每當浮現想辭職的念頭，我就會回想那個時候，或者問自己：「真的累到必須辭職嗎？」但，大多時候，都不是累到那種程度。如果累到非常想要辭職，我就會想起我的同事、正在進行的專案、我負責的客戶，並且擔心公司會降低對我的信賴（雖然我說不定很快就會離開了），這些都是讓我繼續上班的動力。只是，我其實從未夢想過要「辭職」。

在辭職變成夢想之前，我就趕快辭職了，這稱得上是一種祕訣嗎？數一數，我已經辭職過四次了。而且，我累計到職五次、辭職四次的這段時間裡，不知道是因為很多人都辭職了，還是因為很多人都夢想著要辭職，**辭職竟然變成了一股潮流**。書店裡，到處都是跟辭職有關的書籍，彷彿一直鼓吹辭職，甚至連「助你辭職」學院都出現了。突然間，辭職變得很酷，上班則遜掉了。

與辭職潮流一同崛起的是「工作與生活的平衡」（work-life balance）。談到好公司的定義或辭職的理由時，很多人都會提到這個詞：工作與生活的平衡。然而，**無論你怎麼做，你都不可能在工作與生活之間找到平衡，因為，工作就是生活的一部分**。只要你將工作與生活視為相互對立的兩方，你就永遠不可能找到平衡（雖然這個詞，其實是指工作時間與私人時間的平衡）。一旦工作變成生活的對立面，公司就很容易被冠上壞人的形象。

可是，真正的工作與生活的平衡，難道不應該關乎「在公司上班之中的生活」嗎？如果可以在「公司」這個利益團體裡面工作的同時，保有完整的「自我」，那才是真正的工作與生活的平衡。所以，我找到了自己用來決定辭職與否的一項標準——不是工作與生活的平衡，而是「**工作與學習的平衡**」；**如果我在目前的公司與工作之中再也沒有想要學習的東西，便無法繼續維持完整的自我，如此一來，我就會選擇辭職**。

但，有些人的辭職似乎特別高級。只要看看新聞媒體，如何介紹寫下辭職相關書籍的作者，就可以知道，它們特別關注「辭職者前公司的等級」。以前，人們都會吹捧「頂尖大學畢業的，就算是擺地攤也一定會成功」；但最近，人們似乎變成吹捧「辭掉大公司的工作、去環遊世界的人」。如果一個人離開的公司越大、越了不起，他的辭職就越「高級」。

可是這種價值觀，可能會對某些正在努力工作的人造成傷害。當一個強者離開了原本的工作崗位，他或許會失去很多，卻不太會立刻面臨生計上的問題；相對的，一個弱者本來擁有的東西就不多，一旦辭掉工作，生活就有可能立刻陷入困境，所以很多時候，並無法輕易說辭職就辭職。

雖然有些人待在目前的工作崗位，是因為他們熱愛自己的工作，與「身為強者或弱者」無關；但，新聞媒體一直以來只吹捧那些從大公司離職、轉身去尋找自我的人，一副傳達「待在公司裡的話，不可能找回自我」的意思。若按照這個邏輯，「上班」即自由的反義詞；想要尋找自我，第一步就是要辭職。

而且，這會形成一種假說：在職期間的旅行，無法讓你找回自我，因為旅行時間不夠長，或者旅行地點距離你生活的地方太近。

不知從何時開始，辭職後去環遊世界、辭職後去國外住一個月，變成了一股潮流。**如果辭職後沒去旅行，彷彿辭職這件事就失去了意義**。

甚至，我看過有人不是辭職後去旅行，而是「為了旅行而辭職」。

我有一個朋友辭職之後去環遊世界，他說他到非洲時，外國人都問他：「為何到非洲旅行的韓國人，全部都是辭職後過來的？」正確答案是：因為假期不夠長。很少有公司會願意讓員工一次用完十五天的特休，也很少有人願意將只有十多天的假期，用在前往來回各要兩天航程的遙遠地方。這樣說來，他們之所以辭職，就不是因為「自己的生活更重要」，而是因為「每年都無法一次休假兩、三週」，不是嗎？

我不知道，去一趟長達三週的非洲旅行，是不是就可以找到我已經活了三十多年也還沒找到的自我。然而，我也希望公司能夠讓我休更久一點的假。如果記者不再去吹捧那些從大公司離職的年輕人，而是去調查哪些公司的休假制度和文化，可以讓員工獲得滿意的休假，以及那些公司員工的平均年資，是不是會更有意義？倘若這個社會裡，人必須辭職才能夠到遙遠的地方旅行，公司必然會成為惡的一方。

如果每個人都可以想上班就上班、想辭職就辭職，想必辭職就不會變成一股潮流，或者大眾的夢想。**我們沒有必要將辭職的人視為英雄、將上班的人視為懦夫，或是將上班的人視為贏家、將辭職的人視為輸家。**

離開需要勇氣，留下同樣需要勇氣。有時候我會忘記，現在這間允許我來上班的公司，其實是我自己選擇的；我更常忘記，我留在公司裡的每一天，也都是我自己選擇的結果。這樣看來，對我而言，「下班」比「辭職」好多了。

第二章

獨立

在物質面上脫離父母，
過自己的生活

1——尋找獨立的第一個住處

春天到了。除了我出國進修語言的那段時間，我都和父母住在一起。十幾年來，我每天都花一小時半通學或通勤。然而，從某一刻起，「獨立」兩個字卻開始印在我的腦海裡。

神奇的是，在那之前，「獨立」二字和我根本沾不上邊。第一個原因是錢的問題，第二個原因是我相信自己很快就會結婚，第三個原因（出乎意料的）是我對於老家仁川的眷戀（對家人的愛及歸屬感則另當別論）。

首先，第一個原因「錢的問題」，自從我得知全租制❹的租房資金貸款方式並沒有想像中困難，且利率比月租制還要低，（我自認為）這個問題就解決了。關於第二個原因「我相信自己很快就會結婚」，不但沒有任何跡象顯示我即將結婚，我身邊的人還越來越常催我結婚，於是，這個理由也逐漸瓦解了。至於第三個原因「我對於仁川的眷戀」，由於遠距離通勤讓我的體力快要到達極限了，因此我對仁川的愛也開始消退。

我從九月起開始認真找公司附近的房子，也開始煩惱有關頭期款的事情，但從結果來看，那並不是一個好的決定。因為，九月是大學的開學季，我想住的新村、弘大一帶的房子都已經簽約了。我本來以為大學附近有很多便宜的房子可找，但最後，每個房仲業者都告訴我：「這個時候已經沒有物件了。」

還有另外一個問題，而且不是像開學季那樣可愛的原因，就是——全租制的高額租金問題。那時我才想起，新聞媒體經常報導這個議題，還常常加上「有史

❹韓國的租房制度分成「月租」與「全租」。月租與臺灣類似，繳交保證金之後，按月交房租，待約滿到期，房東就會退還保證金；全租則是一次預先繳交高額保證金，不須再繳交月租，若簽約期滿後不續租，房東就會全數退還保證金。採全租制的房東會把收到的高額保證金拿去定存或投資，將獲利作為租房的收入來源。

以來」、「最糟」這類字眼。就像分手之後，全世界的分手情歌都會變成自己的歌一樣，自從我開始找全租制的房子，彷彿世界上所有財經新聞，也都變成了我的新聞。

我陸續在網路上搜尋了全租資金貸款、提前還款違約金、房貸、預先抵押、法定日期、房屋使用權等關鍵字。每當找到看起來很不錯的物件，我就會試算貸款金額和利息。不過，我也聽說了朋友的朋友因為全租制租金過高，而耗盡積蓄，讓我好幾次都想放棄。

可是，另一方面，我依然很想做到「自己租房子住」這件事。因為我想，別人都已經承受了那樣的重擔，本來我也早該去承受的，至今，卻依然讓父母代為承受；我在父母的照顧與愛護之下成長茁壯，如今，卻變成三十多歲的啃老族。要是我不快點出去獨立，**我擔心自己就這樣繼續啃老到四十歲**。

如果我不只在經濟上，連在生活上也無法脫離父母而獨立的話，以後會一直被念太晚回家，週末也很難睡到自然醒。每次父母念我或管我的時候，我都會回嘴：「拜託，我都幾歲的人了，還需要你念嗎！」但事實上，問題不在於我幾歲，而是父母讓我住在他們的房子裡，照顧我、供我吃住，自然有權將他們的標準套用在我身上。

還有，雖然現在還沒有，不過以後如果我有了另一半，卻仍脫離不了父母、無法出去獨立的話，父母可能會一直認為自己沒有盡到為人父母的本分。可以想見，到時候，這個問題必定會直接或間接的引發我與父母之間的矛盾。

所以，面對所有關於低利率政策陷阱的說法，我決定視而不見，成為繼「全租制房子的高額資金問題」之後，財經新聞最常報導的「家庭負債增加」的當事者之一。

我備齊了十多份貸款用的文件後，在一份契約書上簽名，而契約書上寫的金額，大到我從沒想過自己有一天會花用到。但我暗自慶幸，幸好是在今年而不是明年、是在三十多歲而不是四十多歲，做出了這個決定。當下，終於覺得自己像個大人了。

原來，以前從未經歷過、也從來不需要思考的事情，就是大人的事。

找房子實在是一段艱難的過程。我一抓出預算，便開始在公司附近到處看房，給各大房仲業者留下聯絡資料，並在各個房仲軟體、網站、論壇裡尋找獨立套房的全租制出租物件。無奈物件非常少，而且很多房仲業者只回我：「最近全租制的價格很高喔。」就沒有下一步了。

一開始，我將搜尋範圍鎖定在距離公司較近的弘大、新村一帶；後來，擴大到了地鐵廣興倉站和望遠站一帶；接著，變成整個麻浦區和西大門區；最後，我決定開啟地圖檢視，以公司為中心點來尋找目標。每當我好不容易看到全租制的物件，就會過去實地勘查。那段時間，我經常沒吃午餐，而且瘋狂利用下班後或週末的時間去看房子。然而，我最後的收穫，不過是領悟到「原來新聞說的都是真的啊……」，以及了解自己對房子的喜好而已。

剛開始找房子的時候，一邊找、一邊摸索自己的喜好，還滿有趣的，會挖掘到很多以前自己不知道的喜好。

首先，我討厭狹小的房子。看過第一個房子之後，我得到的結論是：如果人要活得像個人，房間至少要有七坪，要是未達七坪，根本稱不上「獨立套房」。

能夠在首爾擁有房子的房東，財力應該很可觀，如果少隔幾間房間，每個月少賺一百萬韓元，應該不會差太多才對；可是，房東卻隔成七間房間，每間只有五坪大。如果隔成五間，每間七坪大，不是很好嗎？都說有錢人其實更摳——賺錢的同時，能不能讓人活得有尊嚴一點？每次看到狹小的出租套房，我都會咒罵那個從未謀面的房東。（用那麼殘忍的方式賺錢，讓自己吃好、住好，我呸！）

再來，我討厭在室內晾衣服。如果房間照片裡出現晾衣架，我就會感到胸口一悶。這跟坪數小無關，而是晾衣架會破壞整個空間的美觀。我暗自想：「好！一定要有陽臺才行！」然而，陽臺是一種很難得的設施，五坪大的房間裡面不可能會有，七坪大的也很少附設陽臺。

當然，住家安全是最基本的。就算某間房的坪數大、有陽臺，但只要坐落在一樓，我就不會納入考慮。至少，應該坐落在除了蜘蛛人以外，一般人很難徒手攀上的三、四樓，並且設有公用大門和門鎖，這樣才適合女孩子一個人住。如果同一條巷子裡開了名叫「玫瑰」或「百合」的那種酒店，一樣不行。

採光也很重要。如果是白天必須開燈的陰暗房子，根本稱不上明亮，我就會感到很鬱悶；而且我不想每天下班回家後看見衣服乾不了，才後悔自己住在那樣的房子裡。

屋齡也不能忽略。屋齡好幾十年的房子裡，有一種難以形容的潮溼感。如果重新粉刷，會不會好一點？或者要換掉家具？這樣一來，我需要再花多少錢？只是，就算我花了錢，已然累積起來的屋齡也不會再減少了。

至於距離呢？如果要花四十分鐘以上才能到公司，那麼，我住在父母家裡還比較近。雖然可以坐地鐵或公車，但如果要跨越漢江通勤，或者必須坐地鐵二號線或六號線以外的路線，我就會覺得很麻煩。

還有，房間最好格局方正、管理費便宜、靠近主幹道、水壓夠強、瓦斯爐有兩個、有壁櫃、不用跟別人共用一個大門、坐北朝南……。

「哈！我明明沒什麼錢，要求倒是很多啊！」

隨著喜好越來越明確，我越來越難找到滿意的房子，因為幾乎沒有一間房子完全滿足以上所有條件；就算滿足其中幾項，價格也非常貴。再好的房子，只要我付不起，說再多都沒用。

後來，原本鼓勵我搬出去住的人，一個個開始勸我：「挑出其中最重要的幾項，其他條件就暫時先放棄吧！」、「再這麼堅持下去的話，妳永遠都找不到房子啊！」、「我看妳還是繼續跟父母一起住吧！」咦？這些話，我怎麼好像已經聽過很多次？

我想起來了。

滿足我所有條件的好房子……不！好男人……。

原來，我找房子時的心態，就像我找結婚對象時的心態。

根本不可能存在於世上的那種完美房子（或男人），怎麼可能找得到？我會不會跟不停（嗯？）在找男人一樣，也一直在找房子，從此永遠痛苦下去？

找房子就像找男人，你一旦做出決定，就很難反悔了。而且，那個決定會對你的整個人生，或至少你人生的某個階段，造成莫大影響。所以，我總是猶豫不決，難以下決定。

當別人問我：「找到房子了沒？」開始讓我感受到壓力之際，我正好得知，我最初看的某一間房子還沒被簽走。於是，我很快就決定要租下來。雖然每個月的管理費含水費就要五萬韓元，而且位置在巷子底端，房間格局類似正方形，但除了這幾點以外，其他條件都不錯。我終於找到我可以接受的房子了。

原來，**房子的問題不在於「找」，而在於「做出決定」，還有放棄和妥協**（妥協明明是件好事，不知為何，卻帶有懦弱的意味）。是的，不要放棄，試著妥協！等簽下房子之後，我居然開始自省對於男人的心態。

2——儲蓄，讓人思考其他可能

我之所以有勇氣在三十多歲時決定辭職、出國進修語言，都是拜「儲蓄」所賜。由於在銀行的定存期滿了，於是，我開始思考其他可能。

自從判斷自己**可以不靠別人幫助**，自行負擔學費、生活費，後面的步驟就很容易了。我根據自己的預算，搜尋了最理想的目的地城市、學校、住處，也買好了機票。機票是來回機票，而且已經預定好回程日期。不久，我便出發前往加拿大溫哥華。

從溫哥華回來後，很多事情都不一樣了：我對英語產生興趣、開始投履歷給業界有名的公司、年薪變高，而且最重要的是，我體會到何謂幸福。在溫哥華的時候，我終於發現「人可以過上多麼幸福的生活」——我交到來自巴西的好朋友，經歷了潮溼的冬季和乾燥的夏季，吃過許多新鮮摘下的黑莓和藍莓，去過天然的滑雪場、沙漠、洛磯山脈、舊金山、大峽谷。這些經歷以及我有所提升的英語能力，共花了我三年的積蓄和退職金。自從知道這些錢，就能夠讓我度過享有人生最大幸福的一年，我的人生也從此改變。

我**能夠從家裡搬出去獨立**，亦是拜儲蓄所賜。當得知租下全租制的房子只需要準備兩到三成的頭期款、其餘費用可以貸款，我便查詢了我的定存帳戶金額和到期日，結果發現，我大概可以在秋天的時候去簽約！於是，我以前從未想過的「獨立」二字，逐漸呈現出一幅具體的實踐藍圖——買睡衣的時候，我夢想著可以在自己的房子裡穿上它；也開始買以前從來不會想買的咖啡杯、小夜燈；即使筆電出現問題也堅持不換新，就這樣等待著我獨立的那一天。

終於獨立之後，我的生活產生了很大的改變，而且，幾乎什麼都變了。我開始會注意菜價、瓦斯費等，不用再接到我媽催我回家的來電，並且比任何人都更熱愛弘大商圈。甚至，我還會特別停下來聆聽冰箱關門的聲音，感受一個人住的寂寞，自言自語：「還真是平靜啊，平靜。」

為什麼從來沒有人告訴過我，獨立是件這麼棒的事？假如我沒有選擇獨立，現在的我會是什麼樣子？

不過，存定存的過程可不輕鬆，剛出社會的時候尤其辛苦。每個月的薪水就那麼一點，扣掉定存和卡費，剩下的金額就乾癟得像包沒充氣的餅乾一樣。為了省錢、省時間，中午我都買便當來吃，並且以一百韓元為單位來記帳；買東西的時候，主要以CP值作為判斷基準，沒有機會去探索自己的喜好，等到薪水隨著年資上升，生活才變得比較游刃有餘。只是，身為社會新鮮人的時候，因為每個月都從少少的薪水裡撥出一部分來定存，所以錯過不少生活的樂趣。

但是，儲蓄幫助我成功獨立，脫離父母、公司、在英語方面的自卑感、三個小時的通勤，以及狹小的獨立套房。就算我回到社會新鮮人的低薪時期，我一樣會儲蓄，同時過著拮据而緊繃的生活。這件事無可奈何。因為我如果得在喜好和自由之中擇一的話，無論如何，我都會選擇「自由」。

3——獨立是「過自己的生活」

有朋友曾經在我家借住幾天。當我看見她洗完澡後拿著溼毛巾走出浴室，我立刻走上前，把她手上的毛巾拿了過來。為了阻止她把溼答答的毛巾丟進洗衣籃裡，我話都還沒說出口，身體就先行動了。

我習慣在平日、週末各洗一次衣服，並依深淺色分開洗滌。偶爾，我會累積大約一個星期，才把衣服丟進洗衣機裡，所以剛使用完的毛巾和被汗水浸溼的運動服，我都會先放到晾衣架上風乾。畢竟溼溼的丟進洗衣籃，不僅會產生臭味，還可能發霉。

關於毛巾，我還有另一項規定：早上用來擦手或臉的毛巾，我會掛在浴室的毛巾架上，等到晚上洗澡時，再把它拿來繼續用，並且洗過一次。因為，如果我一天用上兩、三條毛巾，還累積 個星期才洗的話，毛巾根本不夠用，因此我必須省著點。

跟家人同住的時候，毛巾我想拿就拿、想用就用，而且不管溼不溼，我總是想都沒想的丟進洗衣籃裡。浴室的櫃子裡隨時都有毛巾可以取用；就算偶爾沒了，只要告訴我媽，事情就解決了。但現在情況不同——如果毛巾發出臭味，我必須自己一個人面對；如果我不補充毛巾到浴室的櫃子裡，裡面就會空著。朋友來我家、借用我的毛巾之前，我一直沒意識到這些事，直到我發現，自己看見一條溼毛巾即將被丟入洗衣籃裡時會變得很著急，這才驚覺，原來我的家裡，確實存在一些規定。

不知不覺，我已經過起了自己的生活。

也因此，最近回父母家的時候，我開始覺得媽媽的生活方式在我眼中顯得有些不自然。我還不禁自問：我真的曾經跟媽媽同住一個屋簷下嗎？

媽媽買了新的泡菜冰箱，如果加上之前的，總共有兩臺。可是，我或姐姐一家人回去的時候，甚至是媽媽自己在家的時候，家裡都很少開伙。那麼，泡菜冰箱為何需要買到兩臺呢？我建議，舊的那一臺要不就賣掉，要不就丟掉，結果姐姐回我：「**這是她家，她想怎麼做就怎麼做呀。**」我聽完恍然大悟。

姐姐說得對；媽媽過著她的生活，我過著我的生活。真的是這樣。獨立就是「過自己的生活」。**生活中，許多事情逐漸發展出一些規則**，而我以為，那些規則是最合理的；但事實上，那些規則不過是契合我自己的喜好罷了。

我的生活是孤單的，因為，如果我的生活逐漸失常，我能責怪的人只有我自己；我的生活是辛苦的，因為，每當我打開浴室的櫃子，看見裡面剩下的毛巾，我就必須思考今天是否該洗衣服，還是明天再洗也可以。不過，我現在的生活還是很可愛的，雖然以前家裡的浴室櫃裡，經常疊好許多洗得乾乾淨淨的毛巾，但我以前的生活並未像現在這般充實。這還是我第一次思考這麼多關於毛巾的事。

4——買蔥之前該知道的事

就像大多數人一樣，我剛開始自己住的時候，也對「下廚」特別感興趣，不僅自己帶便當去公司吃，還邀請朋友到家裡一起吃晚餐。開始下廚之後，我才了解，原來蔥和蒜頭不僅是食材而已，它們更像鹽巴、醬油那種必備的調味料，因為很少有韓國料理是不含蔥蒜的。

我想起了爸媽家冰箱裡的冷凍蒜泥。每年醃泡菜的時候，我媽都會去買許多新鮮的蒜頭，切碎後放入冷凍庫，每次要用，就拿一小塊下來。有時候，我也會被我媽叫去幫忙剝蒜頭，而我心裡都會納悶：「買這麼多蒜頭，到底要做什麼？」原來，是因為蒜頭真的很重要。

週末要離開爸媽家的時候，我帶了一盒冷凍蒜泥回到我的住處。蒜是一種神奇的食材，即使是一道平淡無味的料理，一旦加入蒜，就會變得香氣四溢。

蔥也是。蔥不只可以當作調味料，還可以當作料理的最後一道點綴。不僅許多湯品會用到蔥，煮泡麵的時候，如果放上切好的蔥花，湯就會變得很爽口。我媽告訴我，蔥也跟蒜頭一樣，可以做成一塊一塊的，放入冷凍庫裡，每次要用就拿一小塊出來，會方便許多。

於是，我到附近的超市裡買了一把蔥，回家之後，去除上面的泥土、剝掉外層、用水清洗，接著開始切。但過沒多久，我就發現事情有些不對勁。由於我一個人住，所以家裡只有一個比湯碗再大一點的盆子，而那個盆子裡已經裝滿了切好的蔥花。可是，我手上還剩下一半的蔥沒切完。見狀，我打了電話給某個熟識的鄰居，這個鄰居也是我在獨居界的前輩。

「呃，你需要蔥嗎？我買了一把蔥，但量有夠多的，吃到我當阿嬤、兒孫輩都來吃也沒問題。」

「哈哈哈，我懂，那個量真的這樣吃上三代都沒問題。妳可以洗乾淨之後放冷凍，或是種在花盆裡面。」

果然，前輩已經知道這個方法了。

當我把蔥放進冷凍庫後，裡面就幾乎塞滿，所以我又拿了很多送給朋友。不過，家裡的蔥還是多到吃上兩代也綽綽有餘。事已至此，我幾乎煮任何東西都會把蔥加進去，煮湯時，連蔥根也用上。但，或許是因為蔥並非主要食材，消耗的速度依然很慢。剩下的蔥雖然盡可能在冷凍庫裡放了一陣子，最後我還是清理掉了，畢竟量再多，保存時間也有限。我這下終於了解，為何超市裡會把蔥拆成一根一根的賣。

之後，每次吃到蔥，我都會想起裝滿了整個盆子的蔥花堆。

以前，如果湯裡放了蔥段，我都習慣夾到旁邊，不太想吃；但後來，我都會把所有蔥吃得乾乾淨淨，一邊心想：「蔥這種能夠提升食物味道的絕佳食材，既便宜又常見，實在是萬幸。」一邊品嘗著蔥那淡淡的甜味。

假如我沒搬出來獨立，怎麼可能有機會懂得蔥的滋味？然而，就算蔥再怎麼美味，對獨居者而言，一把蔥的分量還是太多了。所以，這次得出的**獨居生活祕訣就是——蔥一次只買一根！這樣才能吃得更開心。**

5——不跟媽媽一起住的好處

和爸媽一起住的時候，如果我難得早回家，就會變得很懶散。我說的「早」，大多已經晚上九點（一旦加班，就會超過十二點才回家），那種時候，通常我做什麼都沒人管，而我往往選擇「什麼都不做」。

一回到家，我會把包包隨意丟到一旁，然後躺上沙發，打開電視。但我完全沒有要看電視的意思。電視上的東西，要看過前面的內容才看得下去，所以那些完全不知道劇情的連續劇、不熟悉規則的綜藝節目，就只是什麼都不做的背景畫面而已。

我媽聽到我回家的聲音後，從房間裡走了出來，看見我襪子都沒脫就躺在沙發上，便開口問我。

媽：「妳吃過飯了沒？先去換衣服吧！」

我：「我吃過了！」

她看了我一眼，就回房間去了。我切換著電視頻道，不知過了幾分鐘。後來，我媽走出房間要上廁所的時候，看見我仍維持相同姿勢，躺在沙發上。

媽：「妳怎麼都沒動！趕快去洗澡、換衣服！」

我：「好……。」

我敷衍的回答。當然，我媽上完廁所後，我還是不動如山的躺在沙發上。

媽：「妳要是再躺下去，等等就睡著了！就叫妳先去洗澡，快點！洗完比較舒服。」

這次，我沒回答她。

我媽走到廚房喝水後，又開口。

媽：「小姐，妳還不起來？」

我：「哎喲，幹什麼啦！我等一下就會去洗了啊，妳不要管我啦！我想洗的時候就會去洗了。」

媽：「反正早晚都要洗，妳就現在去洗啊！」

我：「哎喲！妳不要管啦！」

媽：「不是啊，妳……。」

爸：「這麼晚了，在吵什麼！」

我媽才剛拉開嗓門，我爸就在房間裡面喊了一句。隨後我媽嘆了一口氣，又走回房間。我則是一邊嘟嘴，一邊起身，結束我什麼都不做的模式。

幾乎每次都是這樣。我發懶時，我爸媽就會出現，讓我意識到自己的懶惰，例如辛辛苦苦工作了一週，星期六上午想要睡晚一點的時候……。

媽（打開房門）：「妳不吃早餐嗎？」

我（半夢半醒）：「嗯，我不吃……。」

十分鐘後。

媽（從廚房裡大喊）：「魚要趁熱吃才好吃，妳不吃嗎？」

我（嘶啞的聲音）：「我不吃……。」

媽：「蛤？妳說什麼？」

我（用力大聲說）：「我說，我不吃！」

五分鐘後。

媽（又打開房門）：「還有蒸蛋，妳趕快起來吃！」

我（蒙著被子）：「哎喲，媽！」

爸（從餐桌那裡大喊）：「都幾點了！還不趕快起床吃飯？」

連我爸都開口的時候，我就會很無奈的起床，走到餐桌旁。時間是早上八點。吃飯的同時，我往往暗自抱怨：「吃完飯後要我怎麼繼續睡？吃完再睡、睡起來再吃，有差嗎？」接著，我就會被我爸念：「妳幹麼皺著眉頭吃飯？」而星期六的上午往往就這麼結束了。

自從我一個人住、我媽從家裡「消失」，我就無須再面對那些情況了。不用再聽到她說：「快點去換衣服！」、「吃完早餐，妳要睡再回去睡！」、「妳又買了什麼？」、「那東西有什麼意義？」從此以後，可以盡情的穿著我在外面穿了一整天的衣服在床上滾來滾去、沒卸妝就睡覺、週末睡到全身痠痛、下午四點再吃第一頓飯、衣櫃裡面囤好幾件黑色洋裝……都行！

不跟媽媽一起住之後，我開始可以決定自己要什麼時候洗澡、吃飯、睡覺。至於我的決定夠不夠像個大人，那又是另外一回事了。

6 不跟媽媽住，也是有壞處

有一天，我突然很想喝海帶湯。但，哪裡有賣海帶湯呢？我只想到汗蒸幕。為了喝海帶湯而去汗蒸幕，實在是……不過，哪裡有汗蒸幕呢？最後，一直到晚餐時間都快過了，我才去超市買了一包切好的海帶。本來以為那是四人份的海帶，結果我回家一看，是四十人份的。（我要多久才吃得完？）

通常，海帶湯是放入牛肉一起煮，不過如果用油稍微把海帶煎過，接著倒入水再小火慢燉，味道也很不錯。問題是，我沒有體力和興致在那邊精心熬煮海帶湯。所以我先在網路上搜尋有賣海帶湯的餐廳，最後真的沒辦法了，才決定買海帶回家自己煮。我把海帶泡過、煎過、煮成了一大碗，足足花了一個小時。可惜海帶湯的味道還是差了一點，用小火再煮個三十分鐘的話會更好。

湯是廚房裡面經常會有的食物。很多時候，廚房裡面同時會有兩、三種湯，例如早上剛煮好的豆芽湯，以及前天晚上吃剩的白菜大醬湯。

我不是「沒有湯就吃不下飯」的那種人，而且自從聽說湯的含鹽量很高、喝了容易變胖、有害健康，我就更少喝湯了。我一向很少把飯配著湯吃，頂多只會從湯裡夾一些料來吃而已。不過，湯還是經常出現在家裡，就像冰箱裡永遠都有泡菜。至少，在我母親的廚房裡是如此。

我自己一個人住了大概兩年多，有天晚上，我突然很想喝海帶湯。自從那天起，我幾乎每天都喝湯，解酒湯、豆芽湯飯、安東湯飯❺、辣牛肉湯、辣海鮮湯……餐廳裡面會賣的所有種類的湯，我都盡可能去吃了。有時候，我特別想喝海帶湯或菠菜大醬湯，儘管這兩種是家家戶戶常有的湯，卻很少有餐廳會賣。

有鑑於此，我只好自己煮海帶湯來喝。市面上的真空包裝海帶湯通常太鹹、

---

❺安東是韓國城市名，安東湯飯為當地著名料理，常見內容物包含泡菜、蘿蔔、肉塊等。

湯料又少，我實在喝不下去。（但我前陣子嘗試了乾燥塊狀的海帶湯，味道很不錯，喔耶！）

至於大醬湯，我忍了好一陣子，最後決定回爸媽家喝。有一次，我實在很想喝大醬湯，即使天氣冷也還是出門前往爸媽家，沒想到我媽竟給我喝隔壁鄰居送她的牛骨湯，讓我很生氣。我好不容易回到家，卻喝不到媽媽煮的湯！而且天氣這麼冷，我還是特地回來的耶！

自己一個人住的壞處是「家裡沒有媽媽在」。我的家裡，既沒有湯、沒有媽媽煮的飯菜，更沒有媽媽勞動的身影。自己一個人住之後，我才知道，煮湯是一件多麼麻煩的事。而且，煮一人份的湯比調味還要困難，若想煮得好喝，又必須另外準備高湯。

我還住在爸媽家的時候，我媽總是比我還要早出門上班，但她每天早上都會煮新的湯，到底是怎麼做到的？她究竟反覆做過多少次，才能夠在上班之前，毫不費力的完成那麼麻煩的事？

不跟媽媽一起住的壞處是，我意識到自己有多麼仰賴媽媽。

我還發現，儘管我不想要像我媽那樣生活，我媽卻影響我、讓我過上了跟她相似的生活。

每次我想喝菠菜大醬湯的時候，我就會想到，現在的我還沒有自信能夠成為一個母親，還沒有自信能夠成為一個比我媽更好的人人。

不過，市面上有賣乾燥塊狀的海帶湯，還是一件很令人慶幸的事。

7——如何語帶輕鬆的說「我自己一個人住」

不知道是哪來的迷信，身邊的人得知我從爸媽家裡搬出來獨居之後，都異口同聲的跟我說：「妳很快就可以交到男朋友了！」、「自己一個人住的女生很搶手喔！」來恭喜（嗯？）我獨立。

根據他們所說，現在的我就是最適合談戀愛的「獨居女性」。如果這是我的優勢所在，我至少要讓別人知道這件事才有用呀！可是，我該怎麼讓別人知道我一個人住呢？

「你好，我叫孫惠珍，我自己一個人住！」總不能這樣說吧？

我提出這個疑惑後，一個前輩告訴我：「剛認識的時候，如果對方問妳住在哪裡，妳就說『老家在仁川，現在住弘大』。」前輩實在太有智慧了。

但老實說，對於要讓不熟的男性知道我自己一個人住，我有點害怕。雖然很少人會問起，但如果有人問我住哪一區，我都會支支吾吾的回答「麻浦」或「延禧洞」附近，不會說「弘大」。因為，如果我說我住弘大附近，等於傳達出「我自己一個人住」❻。

雖然大家都開玩笑說「自己一個人住的女生很搶手」，但，如果對方只是因為「我自己一個人住」就喜歡我，大概沒有比這個更爛的理由了吧？幸好，我這些都是無謂的煩惱，因為自從我搬出來住，到現在為止都沒發生什麼事。（該不會是因為我都避開了那種會看上獨居女性的男子？哈！）

❻弘大充滿城市藝術和獨立音樂文化，以及俱樂部和各種娛樂，推動文創產業發展，吸引了不少年輕人移入居住，且因為是大學周邊，住的大多是租房的學生、很少家庭，所以若說居住於此，容易給人自己住的感覺。

無論如何，我有一個自己的空間，可以隨時邀請別人過來，這就是一件很吸引人的事。在那個空間裡，我可以完完全全的做自己，不用在乎時間的流逝與他人的眼光，舒服又自在；此外，還可以用我自己的東西、自己的氣味，來妝點這個既隱密、又讓我感到安心的專屬天地。我，竟然擁有這樣的空間！

「自己一個人住，很適合談戀愛」這句話，其實是「談戀愛的時候，要帶男朋友回家很方便」的意思，並非談戀愛的機會變多，而是有更多機會，去提升戀愛的深度。這一點，我確實同意。

但，我認為，自己一個人住的話，與其語帶輕鬆的告訴別人「我自己一個人住喔」來吸引對方，不如努力去學習如何打造一個屬於自己的堡壘。我會這麼說，可不是因為我交不到男朋友喔。

8 —— 我住故我愛

住在首爾市以外的人，通常會說自己住在○○市，例如釜山、光州、水原、忠州；反之，住在首爾市的人，通常會說自己住在○○洞或○○站附近，有些人也會說自己住在○○區[7]。

我在仁川出生，也在仁川長大。仁川的面積是首爾的一．七倍大，但我們很少有機會確切講自己住在哪個洞。首先，對方不太會問「你住在哪個洞」；其次，就算你說了，對方通常也不知道那到底在哪。我偶爾會想像，如果我和一群

[7] 南韓行政區劃中，有分一級行政區（廣域地方自治團體）及二級行政區（基礎地方自治團體），其中二級行政區底下分為邑、面、洞，再分為里、統，又再向下為最基層的班。

首爾人聊到彼此住哪個洞，當別人說道谷洞、望遠洞、青坡洞，結果我迸出一個「朱安洞」❽的話，會有多尷尬。

搬到首爾住之後，我終於可以比較具體的說我住在哪裡，不過，我的回答會不太一樣。有時候，我會大略的回答「弘大」❾；有時候，我會回答「東橋洞三叉路口附近」；如果那天我比較富含文青氣息，我會說「延南洞❿附近」；如果我跟對方不熟，我會說「麻浦區」。不過，我最常回答「延禧洞」，因為延禧洞的面積很大，不會太過明確的讓對方知道我住在哪；另外，或許因為名稱是從延禧宮而來，延禧洞聽起來有種高級感，以及中產階級小康生活的感覺。況且，我家的地址是在延禧路上，所以這個回答也沒有錯得太離譜。

我最少回答的版本是「滄川洞」。因為，如果對方對弘大或新村一帶不熟，那我回答滄川洞，就跟我回答仁川的朱安洞一樣讓人陌生……這個說法是騙人的。真正的原因是，我不喜歡滄川洞這個名稱。因為「滄川」（Changcheon）這兩個字都是送氣音，很難發音，聽起來有點刺耳。而且這個地方，根本沒有幾個人知道究竟在哪。

一個地方的名稱，雖然不能跟房價、坪數、採光、通勤時間相提並論，但如果可以選擇，我絕對不會選這麼難聽的名字：滄、川、洞。

是的，沒錯。我其實住在滄川洞。

滄川是一條河川，源自西大門區的鞍山，流經廣興倉站，最後注入漢江西段。如今，滄川的大部分面積都被道路覆蓋起來，變成地下河。滄川洞靠近東橋洞、延南洞、延禧洞、新村洞，只要過個馬路，就可以找到非常多熱門商家（前提是，你一定要過馬路）。滄川洞距離地鐵新村站、弘大入口站也很近，走路一樣可以到，但不是每個人都願意走過去。

一開始，我是因為公司就在附近，所以選擇了滄川洞。從我家走到公司，只要十五分鐘，如此一來，就算加班到半夜十二點，我十二點半就可以躺到床上。

---

❽ 朱安洞和前三者相比較不有名，也不是一般遊客常去的地方。
❾ 地區名稱，因鄰近弘益大學而得名，非正式行政區劃。
❿ 因年輕藝術家及設計師入駐而變繁榮的地區。

如果黑石洞坐落在那樣的位置，我就會選擇黑石洞；如果孔德洞坐落在那樣的位置，我就會選擇孔德洞。對我來說，滄川洞的意義就只是這樣。

眼看房子的租約快要到期，我開始考慮要搬到其他地方。當初我之所以選擇這裡的房子，是因為距離公司很近，但如今我已經換工作了，與公司的距離也隨之改變。

就像當初找滄川洞這間房子的時候一樣，我也把我新工作的公司設定在地圖中央，開始尋找半徑兩公里以內的房子。接下來幾天，我一連看了十多間房子，雖然選擇很多，但沒有一間是我喜歡的。

看了越多房子，我就越意識到，自己現在住在一個多麼好的社區和房子裡；我也清楚的感受到，我很喜歡現在住的房子。因為是我辛辛苦苦找到的房子、第一個只屬於我自己的空間，而且坐落在熱鬧商圈附近，其他房子很難贏過它。雖然我連午餐時間都用來看房子，不過，與其說是為了找到一個更好的物件，不如說是為了印證我現在的房子條件真的很好。

或許，打從一開始，我就已經偏心了。

搬來滄川洞兩年後，我才真正愛上了滄川洞。我不是住在麻浦區，而是西大門區；我不是住在延禧洞、延南洞或弘大入口站附近，而是滄川洞。我想，我還會住在這裡一陣子。

9——連挑「椅子」也不簡單

床、衣櫥、多功能置物架——我家裡面，稱得上「家具」的就只有這三樣東西。但，搬來兩年後，我開始想要購入新的家具：椅子。不是餐桌或書桌附帶的那種椅子，而是獨立的椅子。

我經常躺在床上看書看久了，不小心睡著。每當我開著燈、以不舒服的姿勢睡到半夜醒來，都會感覺虛脫，不僅書才看沒幾頁，覺也睡不好。可是除了床以外，我沒有其他地方可以看書……地板太冰了，我的眼裡只看到床而已。雖然床是用來躺的，而不是用來坐的，我還是常常為了一時的舒適，躺在床上看書看到睡著，然後又醒來。

我長期以來的腰痛開始惡化，差不多就是從那時候開始的。

「買一張適合看書的椅子吧！」

接著，我就買了一張椅子……這樣的話就好了。但事情沒這麼快就結束。

我在網路上搜尋椅子時才發現，世界上，椅子分成很多不同種類。我想買來放在房間的椅子，不是有輪子那種，也不是椅背高而寬闊如翅膀那種，網頁上卻出現一大堆辦公椅及餐桌椅。唉，我要的不是這種椅子，而是那……那種……該怎麼形容呢？

我最先想到的是「IKEA式椅子」。我在朋友家看過，查了之後才知道，那種椅子叫「扶手椅」。只是準備在網頁上面下單時，我看到一則顧客回饋表示：「比我所想的還要占空間」，不禁猶豫了，因為我不希望椅子占去太多空間。那麼，我到底應該買什麼椅子好？

我有一個對室內設計很有興趣的朋友，聽到我最近想買椅子，便介紹我一種叫做「休閒椅」（Lounge Chair）的椅子。他還加上一句：「『只要』二、三十萬韓元，就可以買到很不錯的。」雖然我當下回他：「什麼！這是一張椅子的價錢？」但回去搜尋之後，我就理解他為何說「只要」了——因為有些休閒椅要價上百萬韓元，甚至上千萬韓元。

不過一看到休閒椅，我就知道，那正是我要的椅子。相較於其他種類的椅子，休閒椅比較矮；由於我的身高不高，而且腰不太好，我總希望坐在椅子上時，腳踩得到地板，而休閒椅正好符合我的需求。再來，休閒椅的椅背不會太高、不會太低，我可以舒服的坐在上面看書。最後，休閒椅的大小適中，放在我那小而美的房子裡也很適合。

一切都很完美。除了價格以外。

我很想擁有一張休閒椅，但不確定自己是否該花費三十萬韓元在一張椅子上……三十萬韓元的椅子耶，比我的床還要貴。我這才發現，打從決定購買椅子的時候開始，即使當時我完全不了解椅子的種類和價格，腦海裡卻早已決定預算是多少了：十萬韓元左右。我一度異想天開，想說會不會有人不小心上架一張只要十萬韓元的休閒椅，而花了好幾天翻遍各大購物網站，但目前我還沒看到有人犯下這種錯誤。

我繼續在網路上搜尋「扶手椅」、「休閒椅」及其他相關的關鍵字，又這麼過了幾天。最後，我找到一種很像休閒椅、但沒有扶手的椅子，叫「蝴蝶椅」（Butterfly Chair），價格約十萬出頭——哇哈哈！機會是留給準備好的人，椅子是留給不放棄的人！我開心得歡呼起來。

有了這張椅子，我從此度過幸福的讀書生活……這樣的話就好了。不是所有故事，都能夠迎來美好的結局。然而，我的這個故事，結尾也不是悲傷的。

椅子到貨之後，我才發現，它比我所想的還要大，大到無論放在哪裡都很顯眼，也就是說很占空間。而且，它比我想的還要高，坐上去後，我的腳其實踩不到地板。雖然它可以折疊、便於收納，但展開之後，我就不太會把它收起來了。還有，雖然椅子上的布是可拆卸式的、便於清洗，但在我寫作的這個當下，我發現自己一次也沒拆下來洗過。

雖然有很多令人感到可惜的地方，但，我現在是個有椅子的人了！我可以坐在上面看書、滑手機，或在上面放包包、掛衣服。只是，下次我不要再捨不得花錢了，一定要買一張休閒椅！這件事最好別讓我的蝴蝶椅知道。

10 請機器代勞打掃的時代

自從我一個人住，打掃家裡這項工作，就完全變成我的責任，而我清楚的體會到「人也是動物」。每當看到地板上的頭髮，我都忍不住想：「人掉的毛也很多耶，只不過比貓狗少一點而已，人真的是動物啊！」

就算是剛打掃完，我還是會在地板上發現一根才剛掉不久的頭髮。雖然我知道那是自己的頭髮，但每次掃出一大堆頭髮的時候，我還是會很驚恐。那些頭髮的量之多，多到如果我不是自己一個人住，我一定會責怪其他跟我一起住的人。有時候，我甚至會懷疑，自己是不是要禿頭了。

但，大概是因為「人」這種動物的適應力非常強，幾天之後，我很快就會忘記自己掉了那麼多頭髮。頭髮本來就是會掉的嘛！沒錯，頭髮本來就會掉！我是人，我是動物，我活著，所以，掉毛是正常的！

不過，公司外派我去越南胡志明市工作期間，我完全無法接受自己是個會掉毛的動物。誰叫我在那裡的住處，地板是用白色磁磚鋪成的，一旦黑色的頭髮掉在白色的地板上，實在有夠顯眼！而且，磁磚似乎容易產生靜電，才過一天，地板上就會累積很多灰塵。即使掃地掃了好幾次、甚至請人來打掃，我還是會走沒幾步路，腳底就沾滿灰塵。

無奈之下，我只好穿上拖鞋，可是公寓免費提供的拖鞋實在太醜，每次穿上它，我都忍不住想要赤腳走路，寧願讓腳底變髒。由於在越南買不到我滿意的拖鞋，所以我決定從韓國空運過來。但，問題依然沒解決，拖鞋底部照樣會沾滿灰塵和頭髮，比沾在腳底更令人噁心。

另外，我在越南的住處面積比首爾更大，導致我必須花更多時間打掃，每次都要洗六、七次拖把，才能夠打掃乾淨。然而，無論再怎麼反覆打掃，還是無法放心在家裡打赤腳，因為過沒多久，腳底又會變得灰灰的。於是，我越來越沒動力去打掃，地板上因而累積了越來越多頭髮。

正當打掃帶給我的壓力漸大，我的同事從韓國帶來了高科技產品——掃地機器人。我為了外派越南而打包行李的時候，主要都是打包衣物或小型生活用品，那時我就聽說，有人第一個打包的東西是掃地機器人。當下我還心想：「連掃地機器人都要帶？」但幾個月後，我聽到又一個同事帶了掃地機器人過來，便豎起了耳朵。

「所以……您在家裡都打赤腳嗎？」

對方回答「是」之後，我回家就立刻訂購了一臺掃地機器人。

我買的是小米的第四代掃地機器人，大約二十萬韓元（現在漲到三十萬）。我連性能和設計說明都沒看，只因為它有溼拖的功能，加上從韓國帶得過來，同事使用後也表示滿意，就決定買了。而且，那個同事是研發人員。不是有句話這麼說嗎？「藥，就相信藥師；機器，就相信研發人員！」我沒有什麼好考慮的。掃地機器人可以代替我掃地……不，是掃得比我更乾淨，所以我決定花二十萬韓元把它請回家。

雖然從韓國把掃地機器人帶去越南的過程有點辛苦，但，每當我看見掃地機器人在住處一角靜靜充電，都會感到心滿意足。出門後，只要透過App叫它掃地，我就可以同步瀏覽相關資訊，包含掃地時間、面積、電量等。待它掃完地，App就會提醒：「已完成掃地，將返回充電座」，並顯示掃地機器人正在返回充電座的圖示，每次都讓我覺得很可愛。

由一個從韓國回來越南的研發人員所帶的這項高科技產品，很快就風靡了整個辦公室。每個使用小米掃地機器人的同事都說，自己從打掃的壓力之中解脫了，非常滿意。不用穿拖鞋、可以在家裡打赤腳，是件這麼令人快樂的事！

一臺能夠自行移動的機器，就像一個活著的生命體，於是，我自然而然的幫這臺機器取了名字——小明，意思是「無論『日』升『月』落，永遠都認真打掃的好朋友」。既然這位朋友的使命是打掃，那麼要求它日日夜夜不停打掃，一點也不過分。

可是，當我不知不覺對這位又白、又可愛、又忠心的朋友產生感情，「小明」這個名字就顯得我太超過了。但話說回來，我家小明（是「我家」小明！）真的太可愛、太惹人疼，連我都常常忍不住看著它打掃的樣子。我明明可以叫它在我出門的時候打掃，但我偏偏要它在我回家之後，現場打掃給我看。

終於，多比自由了！（譯註：多比是《哈利波特》裡的家庭小精靈，「多比自由了！」是他不用再替原主人家工作時所說的話，這裡作者拿來比喻自己。）只要花二十萬韓元，你就可以享有這份自由！感謝科技，讚嘆科技！我真心祝福那名將掃地機器人普及化的偉大人士，祝他這輩子永遠自由、沒有束縛！（既然推出了掃地機器人，也請盡快研發出自動裝水、自動清洗集塵盒、自動倒出灰塵、自動清洗拖布的功能，謝謝。）

「各位，趕快把掃地機器人請回家吧！」

11 輪到自己操心水電費了

跟爸媽同住時，我從來沒關心過繳水電費的事情。但搬出來自己住之後，對於要自己繳水電費這件事，我感到很緊張。雖然比我早搬出來自己住的前輩說：「妳自己一個人住的話，金額不會高到哪裡去啦！」可是，我連什麼樣的金額是高是低都毫無頭緒。

每當我看見連續劇主角繳不出水電費而被斷水斷電，就忍不住擔心：如果我的水電費也高到我無法負荷，該怎麼辦？不過，實際拿到繳費單之後我才發現，上面的金額對一個固定領薪水的上班族而言，其實不至於高到無法負荷。

不過，如果把電費、瓦斯費、網路費、管理費（含水費）合計起來，占我整體生活費的比例其實也不低。跟父母一起住的時候，我都不用繳這些費用；但出來住之後，我就必須自己繳，名目還多達四種！這感覺就像可以自由使用的零用錢減少了。一旦我在這些費用上越是節省，我的零用錢就越多，所以，**一開始搬出來住時，我最在乎的，就是如何減少這方面的支出**。

我跟爸媽一起住在仁川的時候，家裡用的是有線網路。因為一直以來看的有線電視也提供網路服務，所以我們沒比較過就買了，一用就用了十多年。儘管地區有線電視的費用算是便宜的，但品質有點令人擔心，所以我們選了比較能夠信賴的知名業者……這樣的話就好了。其實，原因只是因為簽約三年就送百貨公司禮券罷了，後來我用禮券買了一件灰色大衣。

由於房子的租約只有兩年，我們一度擔心無法繳滿三年的話該怎麼辦（那樣的話，必須退回贈送的禮券）。但隨著時間流逝，我們不知不覺就用滿了三年。事實上，只要不怕麻煩，期滿後，我們可以重新簽約或跳槽到別家業者，拿新的禮券去買新的大衣；然而，人總是怕麻煩。

我的仁川老家是獨棟住宅，所以我們不用怕被鄰居吵到，可以享有充分的隱私，庭院裡還種了柿子樹，優點很多；可每到冬天，房子就變得「弱不禁風」。如果住在集合住宅裡，你的上下左右都有鄰居幫你保暖；但住在獨棟住宅裡，你的四面八方都會散熱。我媽曾說：「只有繳瓦斯費的人，才有資格調高暖氣的溫度。」而我放棄了那樣的資格。每年冬天，我們都穿著刷毛的睡衣、超厚的襪子睡覺，但鼻頭還是冷冰冰的。

因為住過那樣的房子，所以初冬我搬出去住的時候，我媽一度很擔心我，經常打電話問我會不會冷。「媽，沒有房子會比我們（仁川）家更冷啦！」我一說完，我媽就在電話的另一頭笑了出來。

我在滄川洞的住處，上下左右都有鄰居，所以一開始我沒特別感覺到冷。氣溫降到零下的話，我會開一下暖氣；如果還是覺得冷，我才會再拿出從仁川家裡帶來的電熱毯。這是因為滄川洞的家，無論如何都比獨棟住宅溫暖得多，但我這麼做，還有一個很重要的原因——沒人能夠幫我繳瓦斯費。瓦斯費最令我害怕了。每次暖房的時候，我都不知道我可以負擔到什麼程度，但太過節約也不是辦法，因為整個城市的人都聽過這種故事：天氣冷卻不開暖氣的話，暖氣會凍裂，害你花更多錢……。

所以，我決定將暖氣的室內溫度設定在攝氏十八到十九度，而刷毛的睡衣和超厚的襪子依然必不可少。就這樣，雖然沒有冷到鼻頭都冷冰冰的，但我度過了一個有點冷的冬天，至於帳單上的數字大約是兩萬韓元。呼……雖然冷，但我打了漂亮的一仗！

搬出來自己住之後，雖然離公司比較近，但不知道是不是因為我搬來公司附近的消息被傳出去了，我的工作量開始變多，導致我經常凌晨下班，早上又繼續上班。再加上每到週末，我就會回仁川的家一趟，所以除了睡覺以外，我在家的時間並不多，害我覺得花在家裡的錢有點浪費。

尤其是經常加班的那一個月，電費少得讓我嚇一跳：只有兩千七百韓元。少到這種程度的話，我想，就不是「我家住了一個人」，而是「我家住了一臺冰箱」吧！在這個家裡，我的存在感竟然比不上一臺冰箱……但同時，我又因為電費只有一點點而暗自竊喜，慶幸我把不用的電器插頭都拔掉了。

夏天則是另外一回事，因為家裡不只有冰箱，還有冷氣。我不太喜歡吹冷氣，也不喜歡老舊冷氣發出的噪音，所以大多是用電扇。然而，很多時候，只靠電扇是不夠的。對付寒冷，只要用上電熱毯、刷毛衣物、暖暖包，就能勉強撐過去；不過要對付炎熱的天氣，根本沒什麼辦法可選。

我通常在無計可施的時候，才會打開冷氣。當聽說有人早上出門之前，會先開好冷氣，因為他討厭下班之後家裡很熱，我還懷疑自己是不是過得太窮酸了。不是的……應該不是的……我只要在下班回到家後，先開一點冷氣，接著進去浴室洗澡，出來後，就可以感受到相當於冷氣開了一整天的那種涼快感，何必讓冷氣從早開到晚？

如果我過得窮酸一點、麻煩一點，每個月可以省下五千到一萬韓元；一年省下十二萬韓元；十年省下一百二十萬韓元；一百年足足可以省下一千兩百萬韓元……喂！別想了！少吃一份炸雞，比我好幾天不開冷氣，還省下更多錢呢！

但，話是這樣說，也許明年夏天，我還是寧願吃一份兩萬韓元的炸雞，用冷水洗頭來省電費。哈哈！反正沒人管得了我，獨立萬歲！

12——體驗過就不想失去的滋味

在溫哥華吃到藍莓的時候，不知為何，我感覺很陌生。為什麼會這樣呢？我很快就找到了原因：因為我第一次吃到非冷凍的藍莓。當我第一次吃到非冷凍的芒果，陌生感更加強烈，因為芒果比藍莓含有更多果肉、甜度更高，我甚至有點嚇一跳。

在實際品嘗之前，我吃過的藍莓和芒果都是冷凍、乾燥或醃漬過的。到了溫哥華，我才知道，藍莓原產於北美，還有芒果被切開後，中間有一大塊如同肋骨般的籽。

雖然現在藍莓和芒果已經沒那麼貴、也容易買到，但我出國進修語言的那一年，這兩種水果在韓國都頗貴的。我在溫哥華吃到的芒果，大多從墨西哥進口，一顆只要兩、三千韓元；而我在韓國看到的芒果，大多從菲律賓進口，卻是用水果網袋包著，在百貨公司裡，每顆售價一萬韓元！明明都是進口，為何價錢差這麼多？

我在溫哥華吃到芒果時，心裡甚至想：「這個味道，我不要品嘗比較好。」因為在這裡固然能用合理的價錢買到，然而我回韓國之後，卻沒什麼機會吃到。「想吃」和「想吃吃看」是不一樣的，沒有人會想念他從沒吃過的食物。我一旦吃過芒果，以後就會想再吃一次；吃不到的話，就會想念它的味道。只要想到「很難吃到芒果」，我好像都會覺得自己有點不幸──芒果太好吃了，好吃到讓我產生這種想法。

公司外派我到越南工作的時候，連帶提供了一個約十五坪大、含一房一廳一衛浴的公寓住處。我一個人住過那樣的空間後，再回到我在滄川洞的住處，不禁覺得又悶又窄。我並不是一開始回到家就這麼覺得，而是原本沒什麼特別的想法，後來突然想要回「房間」休息時，才發現我已經沒有房間了。

住過客廳與臥房分離的住處，再回到所有空間都重疊在一起的住處，我才開始看出自己以前沒能看出的事情。於是，我決定搬家。三個月後，我搬進了一個有小客廳、小廚房，還有兩間臥房的房子（雖然這裡簡短帶過，但搬家過程有一點曲折）。

假如我沒在越南住過，我不會知道滄川洞的家其實很小，然後可能會在那裡又住上幾年。

新家要擺入一張六尺加大雙人床、雙門而不是單門的衣櫥，以及一張餐桌的那一天，我從房間裡走出來（出來！）、轉了（可以轉！）一個彎（一個彎！），進到浴室坐在免治馬桶上的時候，突然覺得：「或許以後……不對，我很肯定，我再也不會回去住獨立套房了！」接著，我想起了我在溫哥華吃到的芒果，那個好吃到，我認為自己不要品嘗比較好的芒果。

假如以後，我真的又住回獨立套房，我會覺得自己很不幸嗎？

人物訪談裡經常出現「小時候家境不好，父母經商失敗，經常被討債；長大後經過一番努力，終於成功，送給父母一棟房子」這種故事。每次聽到這種故事，我都會想：「窮人沒什麼好失敗的。」

因為，**擁有東西的人，才有可能失去**。

原本住五十坪的人搬到三十坪的房子，會認為自己很失敗；原本住五坪的人搬到三十坪的房子，則會認為自己很成功。同樣住在三十坪的房子，前者會比後者更想要住進五十坪的房子，不是嗎？我雖然無從知道每個人的想法，但總覺得，五十坪的人生**隱含著一種動能**——他們永遠都在想辦法回到五十坪以上的房子，必須住回五十坪以上的空間才習慣。也許，正因為有那一股動力，所以他們能夠比別人更努力、更有機會成功，以及賺更多錢。

如果以後出現意外，我又住回獨立套房的話，也許一連好幾天，我都會覺得自己很不幸。但我相信，我很快又會下定決心：「我一定要住回兩房一廳！我要成為銀行願意大量借貸的那種人！我也要在首爾擁有自己的房子！」因為，我已經擁有「兩房一廳的動能」了。

這如同我已經品嘗過芒果的味道。品嘗了之後，就回不去了。

不過，我決定，如果日後吃到像芒果那樣好吃的食物，我再也不要出現「不要品嘗比較好」這種想法。因為這個世界上，比起不要品嘗比較好的東西，品嘗過後比較好的東西其實更多。只是，我想我大概無法體會宋純〈俛仰亭歌〉⓫「與風月同居，與江山同眠」那種知足常樂的感受了。

「但，這有什麼大不了的呢？」坐在溫暖的免治馬桶上，我不禁這麼想。

⓫朝鮮文學中的山水田園歌辭作品。俛仰亭位於韓國西南端的全羅南道。

第三章

喜好

開始上班和獨立後，
才享有的報酬

1——我真正喜歡的是什麼？

一直以來，每當有人問我喜歡什麼，我都很難立刻回答。因為我總覺得，「喜歡」這兩個字還伴隨著「責任」，好像你必須一直很熱愛那個東西，比其他人更了解它，而且不吝於投注金錢和時間在上面。如果我說了喜歡，卻沒善盡這些責任的話，我會覺得自己像在說謊。

有些企業的應聘申請書，會要求你寫出喜歡的歌曲或小說來介紹自己。我經常是其他部分都寫完了，唯獨卡在那類題目上，掙扎了好幾天，差點就要放棄應聘。我總覺得，如果說是自己喜歡的小說，好像就必須讀個十遍或抄寫過一次，而且閱讀前和閱讀後，人生大有不同；如果是喜歡的歌曲，好像就必須說「自己難以忘記第一次聽到那首歌的心情」，或者必須發生過「把卡帶重複聽到壞掉」

之類的事。

「那些我並沒有喜歡到我可以為之負起責任的歌曲或小說，怎麼能夠用來介紹我自己呢？」我想了很久，依然認為自己一旦說出喜歡，就必須盡到責任。最後，我總是給出小心翼翼的回答，才勉強填寫完畢。

假設去書店的路上，朋友問我有什麼喜歡的書或作家，我不會回答：「我答不出來，因為喜歡的話，我就要負責。」而會自動將「喜歡的」翻譯為「近期關注的」或「最近正在讀的」，再回答對方。這一點變通性，我還是有的。

如果有人問我喜歡什麼咖啡，我也可以很快就回答出來。因為問這種問題的人，並不是真的好奇你喜歡什麼咖啡，只是在表達對你的關心，就像「嗨」或「最近還好嗎？」這種日常打招呼。我想，應該沒有人會回答：「好？你問我好不好？失業率和出生率都創新低了，南北韓關係還降到冰點，我怎麼可能好？」對吧？可是，如果問問題的人在「喜歡」兩個字前面加上「最」，我又會變得支支吾吾。這時候，我會把「最喜歡的」改成「好幾個裡面，我覺得最好的」，就比較答得出來。

認識我的人聽到這件事，可能也會很驚訝——我「最喜歡的食物」不是雞爪，那只是我「經常吃的食物」罷了。而且，我說的經常，不過是和別人比較之下，假如是和我吃的其他食物相比，雞爪根本算不上是常吃的食物。比起雞爪，我更常吃海苔飯卷，平均每週吃兩次，至於雞爪，平均起來才〇．五次。

雖然雞爪的確是我常吃的食物中比較特別的，幾年前還榮登我的年度美食第一名，但它稱不上我最喜歡的食物。你可能會問：「所以海苔飯卷是妳最喜歡的食物嗎？」然而，海苔飯卷也不是正確答案；它只不過是因為很便宜、方便用來填飽肚子，而且是很少踩到地雷的安全食物，我才會常常吃。這時，你大概會問：「所以，妳最喜歡的食物，到底是什麼？」

「嗚嗚……為什麼要這樣對我？我不是說了嗎？我沒辦法負責，所以我答不出來呀！」

連身洋裝是我的愛用物之一，我真的動不動就在買連身洋裝。但，我也不敢說自己喜歡連身洋裝，因為如果這麼一說，好像就非得購入連身洋裝不可。所以我不得不先訂出幾項規則，克制我的購物衝動，才敢宣布自己喜歡連身洋裝。只是，不久後，那些規則就被打破了，洋裝件數以倍數在暴增。

不過，曾經這樣的我後來也改變了。現在的我雖然仍會買連身洋裝，但不再只買這一項了；以前，想穿得特別一點的時候，我一定會選擇連身洋裝，現在卻不會了。所以，我明明知道現在的我已經不同以往，怎麼可能用「喜歡」兩個字簡簡單單就帶過？

那麼寫作呢？我從小就喜歡寫作。疲累的時候，寫作給我安慰；痛苦的時候，寫作治癒我；腦子一團亂的時候，寫作幫助我整理思緒。可是，如果我說我喜歡寫作，過去的我又顯得太不常寫作了——我不常寫作到，連對於以前為了成為作家而就讀文學相關系所這件事，都感到很陌生。我想成為一名小說家沒錯，然而，畢業後的我連一篇短篇小說都沒寫過。現在，我的夢想依然是成為作家，但實踐得太少，以至於我經常在敘述這件事的時候，使用過去式。事到如今，與其說我「喜歡」寫作，我似乎更應該保守的說我「不排斥」寫作。

我一直都很羨慕那些有確切喜好的人。他們對於自己的喜歡，都會盡到責任——盡情的狂吃日式豬排和冷麵；不擇手段的搶到某歌手的演唱會門票；重複看一部電影好幾十次；每天都出門跑步；實際去環遊世界一圈。基本上，我不可能做出那些事情。

「有喜歡的事物」也是一種才能嗎？那是天生的嗎？你不可能透過努力而喜歡上某個事物，不是嗎？究竟該怎麼做，才可以在說喜歡的同時，也盡到相應的責任？

無論如何，至少有一點我是很清楚的：我喜歡「自己明顯很喜歡」的東西。唉，我活得好累啊！

2 — 把意志灌注到名字上吧！

「季刊孫惠珍」是我經常用來作為個人帳號名或簡介的一行字。由於「季刊」兩個字在日常生活很少出現，更別說是放在人名前面，所以我很常被問這一行字是什麼意思。

所謂季刊，是指每個季節發行一次、一年總共發行四次的書或雜誌之類出版品。不過，我很少這樣說明。通常，我只要說：「類似『月刊尹鍾信』⑫，只不過

⑫尹鍾信是韓國著名節目主持人、歌手，而「月刊尹鍾信」是開始於二〇一〇年的音樂企劃，每月發布一首單曲（只在網路上公開），除了二〇一四年韓國世越號沉船事故期間停刊一期外，其他時間從未間斷。每年年末會出一張合輯。

我是改成一季一次。」對方立刻就懂了。沒錯，「季刊孫惠珍」是模仿「月刊尹鍾信」而來的。

想當初「月刊尹鍾信」剛推出，我立刻拍案叫絕；這個名稱固然簡短，卻令人印象深刻，「月刊」兩個字尤其吸引人們注意。那時，尹鍾信不僅固定在綜藝節目《Radio Star》、《家族的誕生》裡出現，還在選秀節目《Super Star K》裡擔任評審委員，同時活躍於不同性質的節目當中。可是，即使這些節目與他創作歌手的身分看似有段距離，而且日程緊湊，他仍推出「月刊尹鍾信」計畫，每個月都要發行一首歌和ＭＶ……「月刊」兩個字並不僅只於形式上的意義而已。

他將「意志」灌注到自己的名字上，抱著不成功便成仁的決心。

自從聽了他的歌曲〈重生〉（*Rebirth*），我便開始喜歡聽他的歌，特別是歌詞。而他成為綜藝界的「大齡新星」之後，其才氣又更令我刮目相看。他在選秀節目裡擔任評審的樣子非常吸引人，實在很難不愛上他。這時，「月刊尹鍾信」一推出，他的帥氣簡直邁向了顛峰。

可笑的是，我喜歡他的同時，也很嫉妒他。他不過是在月刊這個平凡到有點老掉牙的詞彙後面，加上他寫了四十多年的名字，看起來竟帥氣到不行。縱使我一直都沒打算要每個月寫一首新歌，卻感覺像被先馳得點。我亦好生羨慕，他有自信將自己的名字作為一種品牌。

我也想這麼做，但，我不想跟他做一模一樣的事。這時，我想到了「季刊」兩個字。就是這個！沒有一模一樣，但概念很接近。我沒自信能夠每個月做出個什麼東西來，若改成季刊的話剛剛好。三個月一次、一年總共四次的話，應該行得通吧？

「月刊尹鍾信」推出到現在，十年過去了。如今，「月刊尹鍾信」依然持續在發行，冠上他名字發行的曲目已經超過一百首；「季刊孫惠珍」也依然是我個人帳號簡介的一行字。「這一季寫小說，下一季寫歌吧！」我總是這麼說說而已，就這樣度過幾年。雖然偶爾做出了點東西，但頻率遠遠比不上季刊這個頭銜。

其實，「季刊孫惠珍」不是模仿「月刊尹鍾信」而來。我之所以取這個名字，是希望自己可以仿效他，至少有他的四分之一像就好了。所以今天，我的個人帳號上面依然寫著「季刊孫惠珍」，以期永不忘記這份心意。

3——週四寫作日

開始上班後，我大多是在憤怒或悲傷不已的時候寫作。寫作是一帖良藥。但自從習慣了這樣的模式，我越來越少在平靜的時候寫作。隨著平靜的時間越多，寫作對我而言就變得越來越陌生；而當寫作對我而言變得越來越陌生，我在憤怒或悲傷之際，也變得不想寫作了。

正當我離寫作越來越遠，我接觸到了「#週四寫作日」。一開始聽到這個標籤被創立出來，我內心有點嫉妒。「每週固定一天一起寫作，並將文章公開」的想法，以及確切實踐這個想法的一群人，給我帶來很大的刺激。「我為什麼沒做到那種程度呢？」羨慕他們的同時，我也責怪自己，並且一度煩惱如何默默參與行動。

幸好，這個行動隨時歡迎別人加入，成員們也很高興我願意參與，所以我不再嫉妒，而是變成熱愛。（各位成員，謝謝你們讓我加入！）然而，有些週四我一點也不想寫作，有些週四則不知道該寫什麼好。

我野心勃勃的展開了這項計畫，不過也曾在凌晨三點，還盯著一大片空白稿件奮戰著。每到那時，我都會相信「完成」的力量：無論什麼事，完成就對了。我總是鼓勵自己：「只要過了這一關，我的寫作能力就會變得更好一點，所以我一定要寫完！」只不過，要是沒有人和我一起做這件事並見證我堅持寫作的話，我想我大概會很常放棄，寧願去睡覺吧！

我相信完成與堅持的力量。

計畫進行了十週後，我開始覺得寫作不再那麼費力，不僅壓力減少了，寫作時間也縮短許多。如果計畫再進行個三、四十週，到了明年這個時候，我們的成員想必都能夠寫出更好的作品。我希望，最後我們都無須訂定週四寫作日，寫作**變得像呼吸、吃飯那樣自然，成為一種習慣**，不再需要刻意去訂定時間。務必要成功啊……！

4 —— 親身經歷獨立出版

幾名同事說要參加一個書籍製作工作坊，邀我一起去。基於希望自己有朝一日能夠出書，而且和同事一起去的話應該可以互相鼓勵，所以我決定參加。工作坊的課程總共四週，我毫不意外的沒將書製作完畢——光是整理、修改及編輯過去所寫的日記和週四寫作日的文章，就花了我兩個月的時間。

編書的兩個月很漫長。我大部分的空閒時間，都不得不投入編書事務，沒時間去看電影或讀讀其他書。和朋友聚餐的時候，我經常想起自己正在編輯的那本書。最令我厭煩的，是必須帶著沉重的筆電到處移動。我好想快點結束，但每當我打開稿件，總有一堆東西等著我去檢查和修訂。我開口閉口都是關於那本正在製作的書，除此之外，沒什麼其他事情可說。

編書的兩個月很快樂。我的空閒時間有了目標，週末沒有約會的話也不要緊；不但盯著電視或社交軟體的時間變少，也有了可以跟朋友聊聊的話題。除了工作以外，我已經很久沒有投注這麼多心力在一件事情上。編書過程裡，我熬夜了兩次，累歸累，但我並不睏。對我而言，和書有關的事，永遠那麼有趣。

編書這件事，沒人要求我去做。一開始，我有點像週末上班一樣感到有壓力；但後來，我開始像倒數發薪日一樣期待。雖然等待我的書問世的人，只有我一個，但總覺得只要完成這件事，似乎就會發生某種好事。就算沒發生任何好事也沒關係，因為在編書這段既漫長又快樂的日子裡，我已經收穫良多。

因為是第一次製作書，自然有很多事情是我從來沒碰過的。「哇！原來有這種東西！」、「啊！原來是這樣做的！」我經常發現一些以前不知道的事而驚嘆連連。我打算日後出書的時候，要把這段期間學到的東西整理出來，但我怕我的記憶會隨著時間逐漸淡去，所以先在此做個紀錄。

首先，我開始以不同的方式去看待書。以前，看到一本書，我只會注意它屬於哪個類型、作者是誰、內容關於什麼；對於書的形貌，頂多只留意封面的設計。但，動手編製自己的書之後，我開始看見全然不同的事物：書的尺寸、總頁數、封面是霧面或亮面或精裝、每頁的上下左右如何留白、書背上面的書名是直書或橫書、是否有折口、是寫「定價多少元」還是用金錢符號示意、頁碼是標註在左下角還是右下角、內頁紙張是米色還是白色、有幾張扉頁、寫「出版」還是「發行」、作者簡介是條列式還是敘述式……如果不是為了編製自己的書，我根本不會去了解那些由某些人花費心力設計與完成的細節。

我也開始懂得珍惜「觸摸得到的成果」。每當我說自己從事行銷，總會有人問我：「工作有趣嗎？」雖然我都認為「工作就只是工作」，但也會忍不住自問：「為何在那麼多的領域之中，偏偏選擇從事行銷？」而我的其中一個答案是：因為我的工作成果能夠被其他人看見，也能夠獲得立即性的回饋。

不過，「書」甚至能夠被其他人觸摸，實物所帶來的成就感，似乎比非實物還要多上好幾倍。該說是摸得到的成就感嗎？就算只是拿到試印本，但能夠觸摸到自己即將出版的書，我也非常快樂。因為看得見、摸得到，能夠以更具體的方式去想像未來的成果，所以我有了動力去完成這件事。

把自己以前寫過的文章編纂成書，審視自己的成長過程，令我感到相當充實。再次閱讀那些文章，我經常感嘆：「這些年來我成長了不少啊！」因為文章裡的事情如果發生在今天，我既不會生氣也不會傷心，過去的我卻為了那些而煩惱，甚至寫下文字，讓我忍不住覺得很可愛，也慶幸自己沒有虛長年歲。另一方面，我也領悟到，有些文字只可能在某段時期才寫得出來，使我再次體會「此時不記錄，更待何時」的重要性。

有些事情，你不做的話永遠不會知道，但做了之後很快就可以了解。

排版軟體Publisher的存在、免費商用字體的珍貴、大小開本、正確的用字與拼寫、白色紙與米色紙的差異、Vent Nouveau Snow White[13]、霧面的觸感、設定三毫米的出血尺寸以避免裁切誤差、書背、雙面印刷兩版是黑白、雙面印刷八版

[13] Vent Nouveau（新浪潮，又稱宛如珀）是相當高級的印刷用紙系列，以優於其他同類型紙的印刷明度與本身的白度出名。Snow White是白色系列中的其中一種。

是彩色、成品與設計稿的色差、成品與照片上的色差、Interpro Indigo 數位印刷、一本書的製作成本與時間、很多書都以「大人」為關鍵字、很多書的書名都叫「〇〇的事」、OPP 袋與氣泡袋的世界、透過便利商店寄貨的方法、書的運費、知名部落客的力量、網紅的影響力、如何寫信申請上架銷售、全國各地的獨立書店……事情一大堆。

編製《合格大人得懂的事》的同時，過去只流於紙上談兵的「季刊孫惠珍」也開始有進度了。我下定決心，為了配得上「季刊」兩個字，以後我每一季都要做出一點成果來。無論是什麼內容，只要我開始做，一定能有所學習和收穫。而每當我完成一件事，它又會成為下一件事的養分。所以，來做一本書吧！踏出第一步！

5——花錢買「決心」

一路支持我走到現在的，有八成是欲望。其中，勝負欲占了很大一部分。但，比起想贏，更多時候是因為我不想輸。

你可能認為兩者差不多，但其間其實存在著微妙的差異；前者是追求勝利後的喜悅和滿足感，後者是迴避敗北後的痛苦和絕望感。不過，勝負欲也會出現在某些並無輸贏之分的領域裡，例如取消約定、成績下滑、中途放棄的話，我便感覺像是輸了一樣。所以，一直以來，我總是很努力遵守約定、保持成績、堅持到底。不是因為我想贏，而是因為我不想輸。

但也許，勝負欲不適用於開始的時候。不久前，我拖延了一陣子後終於動手展開某些計畫，才發現**原來「開始」等於「付款的時候」**。演員都說「拿到錢後，什麼戲都可以演」，我卻是「**付了錢後，才有辦法開始做一件事**」。皮拉提斯、讀書會、行銷學講座，都是我花了錢才買到的決心，很貴……。

為了不輸給這些我花了大把鈔票才買來的決心，我這週活得特別認真，幾天內就讀了兩本書、寫了兩篇文章、開始聽行銷學講座、參加讀書會、看了一部電影、剪了一支影片、帶了三次便當、上了兩次皮拉提斯課，感覺就像同時兼兩份工作。沒人逼我這麼做，所以我誰也責怪不了……。

地球自轉一圈要花一天，公轉一圈要花一年，它就這樣活了好幾十億年。

我夢想自己也能像地球一樣，每天都認真生活，最後離開這個世界。但，地球也會像我一樣犯睏嗎？過去幾週以來，週四寫作日經常被我延後，上上週的拖延到週六，上週的拖延到週日，這週的拖延到週五。

我好羨慕其他成員能夠在約定時間內準時完成寫作，唯獨我常常敗給了週四。也許……是因為我還沒付錢吧？我想，是時候付錢給週四寫作日的聚會了！總共多少錢？我該付給哪位呢？（可以打統編嗎？）

6——「自我精進」成癮

事情要從上個星期，我像個「自我精進」成癮者一樣，瘋狂去上課與參加聚會說起。我原本事情就已經多到滿出來，別的事情卻又「咻」的一個個插了進來。這跟我以前從不關注摔角比賽，大考期間卻失了魂般狂看比賽轉播沒兩樣。

從事需要我思考的事情時，我無法一邊聽有歌詞的音樂，因為我會不小心因為歌詞而分心。

買了智慧音響（我取名為Jessica）後，我花了好一段時間去設定日常生活的背景音樂。但我明明說「播放適合看書的音樂」，它播放的竟然是我耳熟能詳的民謠。也許是音樂平臺的分類有問題，或是智慧音響的內建有問題，又或者，歌詞分明的音樂其實也很適合看書。由於我遲遲挑不到我要的音樂，最後索性關掉不聽了。

不久後，我想到可以聽些節奏強烈、歌詞相較沒那麼清楚的流行歌，便喊：「Jessica，播放流行歌！」當它開始播放極富節奏感的流行歌曲，我忍不住跳起舞來，於是我再次把音樂關掉。「Jessica，播放平靜的流行歌！」但我又開始注意平常不會注意到的副歌歌詞，只好再度關掉音樂。接著，我決定聽沒有重拍、也沒有歌詞的古典樂。因為不會聽著聽著就想跳舞或跟著唱，比較有助於專心，所以後來，我常在看書或寫作時聽古典樂。

然而，正當我以為古典樂有助於專心的時候，某天我卻發現自己也會跟著哼唱旋律：「Re Si Sol，La Si La Sol，Sol La Sol La Sol #Fa Fa，Re Si Sol，La Si La Sol，Sol La Sol La Sol #Fa Fa，Re，Re，Si Sol Mi，Mi Sol Mi Do，Do La #Fa Re……」咦？我剛剛在做什麼？結果，我「又」專心不了了。

那是我小時候在鋼琴補習班練習過很多次的一首曲子。住在仁川時，我每過幾年，一定會把樂譜拿出來，彈奏至少一次。「我還彈得出來嗎？好想彈一次看看！哇……現在不彈的話不行！現在！立刻！」於是，我打開了過去兩個月以來都沒打開過的電子琴，插上耳機，然後用手機上網搜尋「莫札特鋼琴奏鳴曲」，才知道那首曲子，原來是C大調第十六號鋼琴奏鳴曲⓮的第一樂章。

可是，我的手一直勾到耳機的線；盯著手機螢幕裡那些小到不行的音符，我開始覺得兩眼昏花；我只不過是彈一頁樂譜，為什麼一直彈不好……後來，我又彈了搜尋到的其他曲子前段，不知不覺就凌晨兩點了。在那種時段彈奏鳴曲，人家還以為是莫札特再世呢！（開玩笑的，莫札特可是個神童、絕無僅有的天才！超帥的！）

我躺到床上，腦海中卻不停迴盪著清脆的鋼琴聲。或許今年，我本該專注在鋼琴上，反倒經常忙著寫小說和其他有的沒的，所以上天大概是要給我一點啟示吧！只是，我已經開始做很多事了，如果再加上練鋼琴還得了！於是，我內心的天使和惡魔開始交戰起來。

⓮ 莫札特（Mozart）為初學者所寫的作品，因此有副標題「單純的奏鳴曲」、「簡易的奏鳴曲」。

天使：「誠實一點！妳才不是想彈鋼琴，只是想做點無關緊要的事！不要想臨陣脫逃，先做好妳正在做的事！」

惡魔：「妳說什麼？彈鋼琴又不是什麼不務正業的玩樂，也不是用來殺時間、賭博之類的東西，彈一下會怎樣？妳說啊？」

結果，惡魔勝出，我買了《莫札特鋼琴奏鳴曲》一到四冊，迫不及待的想快點回到家。

工作到一半時，我的腦中經常響起悅耳的鋼琴旋律，雙手也會不由自主的彈奏起來；回到家後，都會趕快洗個澡，接著坐到電子琴前，打開樂譜，插上耳機，開始彈奏。雖然電子琴的音色和觸感比不上電鋼琴（數位鋼琴），但插上耳機後，我不必擔心深夜彈鋼琴會打擾到鄰居，可以完整聆聽、享受琴聲。不過我彈錯的聲音也會聽得很清楚就是了。

彈奏完小時候學過的曲子後，我想練習新曲子，便上網找了音檔。過程中，我又找了幾首以前就聽過的曲子來聽。「咦？這首曲子的速度其實這麼快嗎？」

我想配合原曲的速度，重新再彈一次，卻越彈越生氣，一直彈不出理想的旋律，而且因為速度變快，我又更常彈錯。「如果每天都好好練習，我應該可以越彈越好！那麼，我要先讓手指變得靈活一點，去買《哈農⑮鋼琴教本》好了？」

啊？又要買？又？該死！我、我真的是……「自我精進」成癮了！

後來，我跟朋友去聽了一場探戈音樂會，由韓國著名手風琴家高尚智和其他古典音樂家共同演出。「原來手風琴聽起來是這樣的！」我第一次專注聆聽手風琴的演奏。手風琴家皮亞佐拉（Ástor Piazzolla, 1921-1992）⑯的曲子裡，名為〈鯊魚〉（*Escualo*）這首會讓小提琴手演奏得很累。當天的小提琴手是位被譽為「探

⑮ 莫夏爾－路易．哈農（Charles-Louis Hanon, 1819-1900），法國作曲家、音樂教育家。代表作有《哈農鋼琴練指法》，在世界各地被廣泛運用為鋼琴技巧訓練教材。

⑯ 阿根廷作曲家以及班多鈕手風琴（Bandoneon）演奏家。他以全方位系統的古典音樂訓練為基礎，融合傳統古典音樂與爵士樂的作曲風格，將探戈音樂從通俗流行的舞蹈伴奏音樂，提升至可以單獨在舞臺上表演，並由此創立樂派「新探戈音樂」（Tango Nuevo）。

戈界帕格尼尼」的音樂家，演奏果然令人印象深刻，臺下觀眾紛紛要求安可。

我回家後，開始反覆聆聽皮亞佐拉和帕格尼尼的曲子。「那鋼琴呢？」莫札特老師……請不要對我碎碎念！不然人家會開始討厭彈鋼琴啦（默默看向遠方）！

7——迷上男團BTS的那一天

我不是男子團體防彈少年團（BTS）的粉絲「A.R.M.Y」。我沒加入官方粉絲俱樂部，也不像粉絲那樣狂熱；不會倒數BTS新歌發行的日期、不會買BTS的專輯，也不會反覆看BTS的MV。

幾年前起，我時常聽人說：「BTS紅遍國外！」、「最近最紅的就是BTS了！」不過一開始，關於BTS這個團體，我只記得成員RM（當時他的藝名是Rap monster）的臉，而且那還是因為他出現在我偶爾會看的綜藝節目裡。

至於BTS的歌跟舞蹈，我一點也不好奇。後來，讀到「我滿屌的」、「燃燒起來了，Fire！」等歌詞的時候，我甚至覺得那根本不是我的風格。那也算是歌嗎？反而比較像流行語吧？

但，我變成了BTS的粉絲。我雖然喜歡過Sistar、GFRIEND等女子團體，但我從來沒愛上過任何藝人。就算有，我也記不得了。

我總是很緩慢的變成某人或某團體的粉絲，直到某一天，才會驚訝的發現：「咦？我竟然一直在關注他們？」可是，瞬間變成粉絲這種事，居然發生在我和BTS之間！大概是因為內心衝擊太大，那一天，我忍不住寫了日記。我還清楚記得當天的日期：二〇一七年五月七日，星期日。

那天，我偶然看到BTS的一支舞蹈影片。我一直對男團沒太大興趣，頂多只看過BIGBANG、EXO的影片而已。但看了《PRODUCE 101第二季》[17]的成員表演BTS的〈男子漢〉（*Boy In Luv*），我突然很好奇原曲是什麼樣子。結果，立刻感受到的衝擊之大，和我看到GFRIEND的舞蹈影片時一樣——不對，比那時候的衝擊還大！看著影片，我忍不住問：「人有辦法做到這種程度？」我的視線簡直跟不上他們的舞蹈動作。雖然確實呈現在我眼前，但那樣的才華和練習的程度，仍舊令我難以置信。當時他們已經出道五年了，看起來卻仍像少年，正如他們的團名：「防彈少年團」。

那天之後，我到處向人提起ＢＴＳ。「你聽過ＢＴＳ嗎？有沒有看過他們表演的影片？沒看過的話，快去看看他們跳舞的影片！」

我想把他們的表演帶給我的衝擊，也傳達給我的朋友們。如果對方也喜歡ＢＴＳ，我們就會互相推薦自己最喜歡的影片；如果對方對ＢＴＳ還興趣缺缺，我也沒把握將一支長達四分多鐘的表演影片的精髓，用三言兩語傳達出來，只能勸對方快去找來看看，只要看一次，就已經足夠。

我看了更多ＢＴＳ的舞蹈影片之後，也開始看出以前沒看出的事情——成員們的變化與成長。ＢＴＳ明顯變得越來越好了。雖然他們本來就已經傑出到讓人納悶怎麼可能更進步，不過每次發行新歌，他們又再進化了。即使我不是一眼就看出來，但他們的編舞難度和成員能力都在逐漸成長，讓我這樣的平凡人都感受到了。

⓱ 韓國 Mnet 頻道在二〇一七年推出的新男團選拔、生存實境節目。

我又再一次被ＢＴＳ給收服。做到這種程度的話，應該不能說是才華，而應該說是技藝了吧？他們的認真超越了才華，團隊合作勝過偶像魅力。他們是怎麼做到的？這些人到底是一群什麼樣的人啊？

雖然我說自己是ＢＴＳ的粉絲，但我好不容易才記住每個成員的長相和名字。直到現在，我還是不太清楚每個人在團體裡的角色。每個人的特色、與粉絲互動的情況、在作詞作曲上的貢獻度，我也只從新聞報導來了解。偶爾想到的時候，我會在YouTube搜尋「ＢＴＳ編舞影片」、「ＢＴＳ傳奇舞臺」，把我已經看過好幾次的表演又再重溫一次。成員們即使跳著長達數分鐘且不知早已重複多少次的舞蹈，他們臉上依然沒有一絲倦態，讓人看到忘我，直到歌曲結束那一刻。

他們能夠表演到這種境界，背後的原動力從何而來？一路以來所抱持的目標又是什麼？音樂圈沒有奧運這種大型競賽，他們想必也不是一開始，就夢想著站上美國告示牌音樂獎（Billboard Music Award）頒獎典禮的舞臺……每次看到有文章分析ＢＴＳ成功的原因，我總是納悶：「真的分析得出來嗎？」可是，如果有人真的能夠詳細寫出ＢＴＳ自我激勵的方法，我一定會去拜讀。我想知道，他們

如何撐過毫無樂趣的練習過程，以及大量而無止境的重複。

有人可能會問：「BTS的表演跟其他偶像團體的表演，不是感覺都差不多嗎？」因為我從沒特別關注男子團體，不敢斬釘截鐵的否定，所以去找了其他十幾個男團近期的表演影片來看。但隨著看越多影片，我越能肯定BTS的表演不是一般的好。我不是要貶低其他偶像團體，因為每個團體的歌曲、概念、定位都不一樣。只不過，BTS的風格很合我的胃口；他們的表演有起承轉合，舞蹈動作很細膩，具爆發力的強烈風格編舞讓我看得很開心。

現在回去聽BTS早期的歌詞，我還是覺得很難懂。儘管拜曲風強烈所賜，我都會忍不住跟著唱，但每次思考起歌詞的意義是什麼，都會滿腦子疑問。（例如「想要成為，你的哥哥」，或者「我喜歡肉乾，所以是六拋世代[18]」……）幸

[18] 在韓國，因為年輕人經濟壓力龐大，逐漸衍伸出「拋棄（放棄）世代」新用語，如最一開始的「三拋世代」，即指拋棄戀愛、結婚、生子；若再拋棄人際關係及買房，就成了「五拋世代」，如此不斷增加，甚至產生「全拋世代」。

好，BTS的歌詞後來也跟著成員一起成長。例如，〈FAKE LOVE〉（虛假愛情）這首歌的歌詞就很深得我心。

如果你讀到這裡了，還是對BTS的表演不感興趣，那都是因為我介紹得不夠周全。一旦你認識了BTS，就可能看見一個嶄新的世界；你可能會透過YouTube或Twitter展開新型態（對三十歲以上的人而言）的追星行為，也可能會放下對於偶像的偏見。再不然，至少你可以接觸到「BTS」這個引領趨勢的當紅團體。

如果你想看看BTS的表演，卻不知道該從哪支影片看起的話，我整理出幾支我喜歡的影片供你參考。比起表演時的影片，我更喜歡他們在練習室裡拍攝的練舞影片；沒有花俏服裝，沒有舞臺燈光，沒有運鏡效果，只有音樂和舞蹈。以下清單，反映了我在這方面的偏好：

- **〈屌〉（*Dope*）練舞影片**：我重複看最多次的影片。這首歌的編舞不算最難的，但躍動感魅力十足，連我這麼四肢僵硬的人，都會忍不住跟著跳起舞來。

- **〈血、汗、淚〉（*Blood Sweat & Tears*）練舞影片**：BTS所有歌曲中，舞姿最優美、最具節制之美的一首，或說是悲壯、悽愴之美，總之非常符合整首歌的氣氛。
- **〈I NEED U〉（我需要你）表演影片**：表演服裝非常吻合「少年團」的概念。我敢說，這套服裝改變了男性短褲的歷史。
- **二〇一八年MMA IDOL特別舞臺**：雖然BTS在各大頒獎典禮的表演已經是出了名的精彩，但我最喜歡這次表演。舞臺設計、跨界合作、服裝、編曲，各項都相當到位，由此可以看出BTS華麗的表演規模。

看到這裡，你還是對BTS沒興趣嗎？雖說即使是再好的東西，只要對方不喜歡，你也不能強塞給人家；但，既然我這麼真心誠意的推薦，希望你至少看過一次，再來說「我覺得還好耶」。就這麼拒絕我的話，損失的可是你啊！

8 —— 當有人贊助我買書……

別人聽到我的夢想是成為小說家，總以為我是喜歡書、而且看很多書的那種人。為了符合這般期待，我曾經刻意去看書。大學畢業後那段待業期間，我甚至可以一整天都埋在書堆裡。然而，大多時候，我還是抱持著「我必須讀很多書」的壓力而活著。

剛上大學之際，我加入文學社後所讀的第一本書是歌德（Goethe）的《浮士德》（*Faust*）。更準確而言，是「為了參加社團而不得不讀」的一本書。雖然我一直自認為文學少女，甚至參加文學社，但仔細一想，除了韓國小說以外，我幾乎沒讀過其他書，更別說是西方文學名著了。

《浮士德》是一部很厚，而且主題和內容都很艱深的文學作品，但最令我感到疲乏的是，句子都充斥著濃濃的翻譯腔，導致我始終閱讀不下去。當時，由於真正的大學生活和我原本的想像有落差，讓我有點失望；再加上發現自己連一本書都無法好好讀完，我覺得很慚愧、很厭世，甚至一度想休學。也許因為《浮士德》是文學名著，我認為自己就算感到很無趣也一定要讀完；又或許是因為區區一部文學名著就將我擊倒在地，令我厭惡不已。

「經典名著就是不一樣，所以才變成經典！經典不可不讀！」這句話，聽起來跟「經典名著很重要，因為，經典名著很重要」沒兩樣。

隔了一段時間想要重新開始看書的時候，我總是不知該從何讀起。世界上的書那麼多，我究竟應該選擇看哪一本，才不會失敗呢？我去查了首爾大學的推薦書單、給青少年的推薦書單、知識分子和名人的推薦書單，開始到圖書館一本一本借來看。可是，很多書從書名來看似乎很有趣，等我拿到實體書後，卻又會失去興趣。

我從多達好幾十本的書單裡，好不容易挑出兩、三本來看，即使才讀了一、兩本，但讀著讀著，我又會想要再接著讀其他書。這都是因為有些書，會提及或引用別本書，或者直接以別本書為題材。每當我對那些被提及的書產生興趣，往往又會延伸出一份落落長的書單。只是，很可惜，書單後來就沒再增加了。

自從我決定專心學英語，在通勤路上不再看書、改聽英語 Podcast 之後，我開始重複過著一段既不好好學英語、也沒好好看書的日子。

後來，我換了工作，新公司有一項制度：可以無上限贊助員工買書。一開始，我還沒意識到這個制度對我來說有何意義，只偶爾利用它來買我工作上需要用到的書、我已經讀過但又想再讀一次的書，以及向圖書館預約之後，遲遲輪不到我看的書而已。我認為，書就是要借來看的，所以習慣利用圖書館的兩週借閱期限來督促自己，至於那些隨時都可以看的書，我的閱讀時間似乎常常一延再延。

去年是我有生以來買下最多書的一年——總共一百多本，平均每個月買十幾本，花費十到十五萬韓元。雖然公司贊助了買書的費用，但我一度產生罪惡感，納悶：「上個月買的書都還沒讀完，我還要再買嗎？」遲遲不讓自己踏進書店。

即使進了書店，我也很難決定是否要買書，因為我覺得公司的錢很珍貴，我看書的時間也很珍貴。對待我自己買來的書，我都像對待從圖書館借來的書一樣，既不會在書上畫線或折角，也不會大力翻閱，所以，我總覺得自己不買書才是對的。（一直買自己根本不會看的書，這樣對嗎？還有，我那樣隨隨便便的對待書，可以嗎？）

如今的我看書，依然不會大力翻閱書頁，但不久之前，我第一次折了書角。我想以後，我會**累積越來越多看「自己的書」的寶貴經驗**。直到現在，我才開始明白公司的無上限贊助買書制度，於我而言有何意義——這項制度讓我每天都生活在一個充滿書香、鼓勵閱讀的環境裡，我和公司的人也每天都會聊到書。隔壁同事桌上新買的書、其他部門同事上傳到社交軟體的書的照片，都不斷給我靈感。身邊的人也經常述說某本書是怎樣個好法，彼此互相推薦閱讀。

不知不覺，我的枕邊、案前、隨身包裡，早已放滿了大家推薦閱讀的書籍。我無法再過上以前那種沒有買書贊助制度的日子，因為，我已經深深體會到買書和讀書的樂趣。

9——今天也在成為walker

我經常閱讀的網路雜誌《IZE》，推薦了一款把走路變成遊戲的App。為了在我懶散的生活中增加一點動力，我下載了這款App，名叫「Walkr，口袋裡的銀河冒險」。雖然《IZE》明確介紹它是一款「計步器『兼』遊戲」的App，但我一開始好像只看到「計步器」三個字。總之，計步器「兼」遊戲這串文字，被我理解為「計步遊戲」，於是我開始玩Walkr，成為一個走路的walker。

「那是什麼？」朋友看到我的手機出現遊戲畫面，便開口問我。

我回答：「一款計步遊戲。我想讓自己多走點路，所以下載來玩，但我發現不走路也可以玩。」

Walkr是一款宇宙探險遊戲，主要任務是探索星球、蒐集資源，以及幫助宇宙生物。使用者的步數會儲存為「步行能源」，推進各項活動。雖然這樣的遊戲方式，是Walkr和其他模擬遊戲的差異所在，但事實上，就算你不走路，照樣可以讓遊戲進行下去。我下載後不久，就發現這款遊戲的主軸並不在於走路。不知是否基於相同原因，一起下載Walkr的幾個朋友，都紛紛在短時間內失去興趣，離開了宇宙。

這款遊戲最吸引我的部分是圖像設計。裡面的星球非常可愛，每個星球產出的資源不盡相同，上面也都住著不一樣的生物，每個圖像都增添了可愛的氛圍。你可以和遊戲中的朋友互相交換能源、共同完成任務，但最令我好奇的，依然是下一個星球的模樣，讓我常常忍不住打開這款遊戲。

第二個讓我玩下去的原因，是習慣。一個月過去了，一百天過去了，不知不覺，一年也過去了，即使很多人問我：「妳怎麼還在玩那個遊戲？」如今我依然早晚都會打開Walkr。我過了很久才知道，每個星球必須升到等級七，才會發展出完整的自然景觀，此外，每個星球都擁有一個能夠發揮出最高效能的衛星。我也是後來才知道，很多人會策略性的玩這款遊戲，互相分享星球與衛星的搭配組合，還有快速獲得能源的方法等小技巧。

最後一個原因是好勝心，或者，應該說是恆心？這款遊戲裡，有超過一百個星球等著使用者去發現，每找到一個星球，你的星球圖鑑就會少一個空格。遊戲一開始，每過幾小時你就可以找到一個星球；但隨著找到的星球數量越多，你找到下一個星球所必須花費的時間就越久。空格還很多的時候，我沒想過自己會一直堅持玩這款遊戲，直到找齊所有星球；但玩了差不多一年，我已經填滿了很多空格。

我要單憑努力與好勝心，以免付費模式玩這款遊戲。

從一百多個星球和四十多個名為「DFR」（Dynamic Food Replicator）的食物生產機蒐集到資源後，我開始花很多時間，忙著供給食物與產出資源。有時候，當我腦袋空空的按下裡面的按鈕，我也會突然問自己：「我為什麼要玩這個？」雖然心裡也曾想：「把這個時間拿來多讀一頁書，對自己不是更好嗎？」不過玩著玩著，我卻開始期待找齊所有星球的那一天。原因我不太清楚……但我就是想把星球圖鑑全部填滿，完成所有任務。那些東西，就像是老乞丐追求的那一枚銀幣，我就只是「**希望擁有**」而已。

終於，在找到第一個星球的二十個月後，我找齊了所有星球（說這句話的我活像個宇宙探險家）。我也很高興，自己又多了一項寫作素材。

我很常起頭做某件事，也善於一直做下去，卻往往不知道要停下來。（例如：我到現在還在用社群網站Cyworld ⓳，是不是就可以理解我為何這麼說了？）我想，這會不會是因為我總是想堅持走到最後呢？

我已經找齊了所有星球，但我並未停止走路。遊戲開發者仍不斷新增新的星球，等著我去探索，然而更重要的是，我的步行已經讓我探索出一個獨特的宇宙。我每天都會打開這款遊戲，步行得多，我便感到滿足；步行得少，我便反省自己。於是，我的步行之旅今天也依然持續著。

⓳ 韓國最大的線上虛擬社群，成立於一九九九年。但因營運困難，曾於二〇一九年關閉網站，之後又重新開啟。

10 漂染頭髮，讓心情變好

生活中突然感到無聊，想做點不一樣的事情時，我都會去換一個新的髮型。可是，從某一天起，剪髮、燙髮已經不再讓我感到新鮮了。我突然想漂染。

我從以前就想過，這輩子至少要試一次漂染，所以我立刻付諸行動……這樣的話就好了；事實上，我先去問了我組長的意見。

「我可以染金髮嗎？」

為什麼要先詢問組長的意見？因為，我總覺得染金髮是不被允許的。我雖然是廣告公司的企劃人員，但客戶大多是比較保守的企業。即使我們平常上班可以隨心所欲的穿T恤和牛仔褲，不過要見客戶的時候，還是必須穿正式一點的服裝。有些主管甚至放了西裝外套和皮鞋在辦公室裡，以防突然要跟客戶開會。有時候，有人忘記當天要開會，穿了連帽外套來上班，還會去借別人的正裝來穿。

但如果說要染金髮的話……。

「不可以！」組長這麼回我。

「那染雙色呢？開會的時候，我會把金色的部分綁起來，藏在裡面，不會讓客戶看到！」我又試著問。

「不行……。」

組長這個回答，是堅定拒絕，還是有點動搖了呢……？

與其說我因為被組長回絕就放棄染金髮，不如說我沒有非常想染金髮，所以暫時作罷。其實，我去詢問組長意見之前，還曾經想：「沒事幹麼去染金髮？」儘管我明天如果頂著一頭金髮上班，也沒人能阻止，客戶也不太可能因為我染金髮就拒絕合作，但，為了找到我不該染金髮，或者說，不染金髮也沒關係的理由，我只好把問題丟給我那無辜的主管。

我真心認為我這輩子至少要漂染一次試試，但我常以「現在還不是時候」為由而延後行動。仔細一想，我其實也有點擔心，金髮不適合我的話怎麼辦？客戶因為我染金髮就帶有偏見的話怎麼辦？金髮影響我的工作考核的話怎麼辦？

我很在乎自己在別人眼中是什麼樣子，所以一直跨不出染金髮的那一步。

過去這段期間，我常看到染金髮的人，也常發現公司裡有人染金髮。每次看到金髮，我便又產生想染金髮的衝動。

「我也要！我也要！我一直都很想染金髮！」

這份衝動就像波濤一樣，去了又來，來了又去；留在岸上的，是一個又一個的擔憂：聽說很傷髮質、頭皮會變得很敏感脆弱、說不定金髮不適合我、至少一年後才能夠回復原狀……只不過換個髮型，卻必須承擔這麼多風險。

等到我總算下定決心，是在很奇怪的時間點。

接近年底時，我突然很擔心明年以後就不可能再嘗試染金髮了——終於，我的決心勝過所有擔憂。**我並不是不再在乎自己在別人眼中的樣子，而是我寧願在現在這個年紀，發現自己不適合金髮**，也不要在以後聽到別人說：「金髮不適合妳現在的年紀。」另一方面，我的頭髮已經長到某個程度，這也是我下定決心的原因之一。我試想，如果染雙色、只把下層頭髮染金的話，一旦髮質受損太嚴重，只要把下層剪掉就沒事了。於是，我打電話給髮廊，預約了染髮時間。

染完頭髮後，我的心情變得很好。每次站在鏡子前，我都感到心滿意足。在電梯裡、在洗手間、在地鐵玻璃窗上看見自己的模樣，我都很開心，感覺就像是從美甲店回來之後，看見自己的指甲被修整得乾乾淨淨。不同的是，若別人沒有特意去看，是不會注意到指甲的，但髮型不一樣，別人一眼就會看到。我不過是改變個髮色，就能夠轉換心情，實在太划算了！

換了髮色後，我碰到的人都會跟我打招呼。我的髮色只不過是變亮了一點，很多人卻像看到好久沒見的人一樣，經常雙眼發亮的朝我走過來。如果是沒什麼好聊的人，至少都會寒暄一下；就連不認識的人，也都對我的新髮色產生興趣。看來，大概是因為公司裡雖然有越來越多人漂染，但三十歲以上的同仁漂染，並不那麼常見。

我從沒想過，自己會因此跟從沒說過話的同事，以髮色來開啟話題。我的髮型變化真的那麼明顯嗎？對我這個長相平凡、過目即忘的人來說，周遭人的反應讓我感到非常有趣。

截然不同的髮型，為我的生活增添了很多樂趣。每當看見染髮後的髮色，受到我的原生髮色、髮質、使用的洗髮精、染髮時調配的顏色影響，而轉變為我意想不到的新髮色時，我都忍不住自言自語：「哇！漂染真的很好玩耶！」深紫色的部分先是變成了紅色，後來又變成粉紅色；深藍色的部分則變成了帶點卡其色的天藍色。此外，隨著陽光有無、衣服顏色不同，我的髮色也會呈現出不同的感覺，相當有意思。

出乎我意料的是，新髮色在某種程度上還挺實用的。在此之前，我只覺得漂染是人生當中至少要嘗試過一次的叛逆行為；但實際漂染後，我發現漂染有不少實用之處。就像在一張平淡的臉上畫出鮮紅的唇彩，或者拍照時在旁邊加上一塊小小的反光板，漂染後的髮色就像化妝品或燈光效果一樣，讓我的臉龐也亮了起來，而且不怕掉妝。

漂染其實沒有我想像的那麼可怕，這是最令我滿意的部分。雖然很多人一見面就發現我換髮色了，但也有很多人過了一陣子後才驚訝的問：「咦？妳什麼時候染的？」而那些一見面就發現我換髮色的人，也不會每次見面都拿我的新髮色當話題。我無論是漂染了還是剃光頭了，我常常見到的人也很快就會適應，不認識的人只會以為那是我原本的樣子，不會特別放在心上。我漂染了，就只是這樣而已。

我很早就下定決心，要把漂染這件事當成寫作素材。心情因為漂染而變好的時候，好幾次我都想盡快書寫下來；當看到髮色從帶卡其色的天藍色褪為金色，我就知道，是時候坐下來寫作了。

寫完這篇文章後，我想我可能不久就會把漂染的部分剪掉。我並不覺得把頭髮留長很難以忍耐，反倒喜歡把留了那麼久的長髮一次剪掉的乾脆，更喜歡面對漂染時的無畏。嘻嘻，心情真好！

11——六個方法，完美度過夏至

從幾年前起，我每年都會以特別的方式度過夏至。夏至是二十四節氣之一，通常落在國曆的六月二十二日，是一年之中白天最長的日子。

第一年的夏至，我下班後在公司附近的餐廳裡喝了青島啤酒。因為天還很亮，感覺就像在大白天，也就是在上班時間喝酒、搞叛逆。

第二年的夏至，我想起了自己前一年度過夏至的方式，以及那種不同以往的感受，便邀同事：「今天是夏至，趁太陽還沒下山，一起去喝啤酒吧！」但那天，我加班了。等我好不容易在晚上十一點把工作結束掉，才終於和同事們一起喝了酒。不知是不是因為太陽下山得晚，儘管時間已經很晚了，我卻不覺得累。

第三年的夏至，我決定以更特別的方式度過，所以從幾天前就開始計畫要找誰、在什麼地方、約什麼時間。我向朋友提議一起度過夏至，相約晚上七點在看得見南山[20]的厚岩洞[21]頂樓咖啡廳會合。那天，我們背倚著南山，看著遠方的太陽緩緩落下，一邊喝著法國可倫堡一六六四白啤酒，好開心！

那麼，明年夏至該怎麼度過呢？夏至是個很棒的日子，如果只有我以特別的方式度過就太可惜了。所以，我要在這裡分享「完美度過夏至」的技巧，不過設想對象以早上上班、傍晚下班的首爾上班族為主，這一點還請多多包涵。

第一，你必須喜歡夏至。

如果你討厭夏至，就很難完美的度過這一天。在此之前，夏至對你而言或許不是什麼特別的日子，但從今天起，試著喜歡它吧！其實，不只是夏至，二十四節氣我全都很喜歡。因為，我很感謝很久很久以前，某個盯著太陽、天空和風的

[20] 位於首爾中區和龍山區之間的一座山，主要景點包括N首爾塔、南山纜車和白凡廣場。
[21] 位於首爾龍山區的一個行政洞，緊鄰古城牆和南山。

流動，突然發現「啊！原來每年到了這個時候，冬眠中的青蛙會驚醒，然後開始活動！」、「原來一年之中，白天最長的日子是這天！」的人，而且覺得他非常可愛。明明可以描述「冰封的大地逐漸回暖」，他卻形容為「冬眠中的青蛙驚醒」……為二十四節氣（特別是「驚蟄」[22]）命名的人，想必是個詩人吧！

夏至的命名雖然沒有驚蟄那麼詩意，但因為是一年之中白天最長的日子，所以我也很喜歡。回想起來，我其實從小就喜歡夏至，大概是因為可以盡情的在外面玩到太陽下山再回家；變成大人後，也是如此。如果我下班後，太陽還掛在天上，我便感覺自己像是提早下班，可以放肆的在白天喝酒。

第二，那天你必須上班。

如果你想盡情享受放肆、叛逆的感覺，勢必要先擁有一個正常的生活。假如你隨時可以在白天喝酒，就很難在夏至那天喝酒的時候，變得格外興奮。當然，你也可以在夏至當日休假一天或半天，悠閒的度過。但，如果你想感受整個白天都充斥著工作、下班後卻依然看得到太陽的那種快感，夏至那天你就得去上班。

第三，你必須準時下班。

對某些人而言，可能很難準時下班。不過，夏至的高潮，在於太陽下山前的那一刻。如果夏至那天下班的時候，太陽已經下山了，那就好比你到達活動現場的時候，活動已經結束了；或你準備觀賞日出的時候，太陽已經升起了。所以，為了可以在夏至當天準時下班，前一天請不要吝於加班，並且提前請同事幫忙。如果你想讓你的同事理解你、和你產生共鳴，建議你從六月的第一天，就開始向他們強調夏至的重要性。

這裡有適合提前放上Instagram的句子，若搭配一張日落的照片，效果更好：

「沙漠很美，因有綠洲藏在裡面；六月很美，因將迎來夏至這天。」

㉒「蟄」意指動物入冬藏在土壤中冬眠、不吃不喝；「驚蟄」則指氣溫回升，蟄居的動物因而驚醒、開始活動。

「想在白天就下班走人，唯有趁夏至的六月時分。」

第四，去南山。

就像有些節日，大家莫名有共識要去哪裡度過一樣，例如中秋節去古代宮殿、聖誕節去明洞，夏至那天就應該去南山。不過，也不是非去南山不可，只要是看得見太陽下山和享受得到傍晚涼爽空氣的地點，都是很好的選擇。

我個人的話，最喜歡能夠背倚南山、遠眺落日的厚岩洞一帶，而且一定要在頂樓或陽臺。五月的夜晚仍有涼意，七月的夜晚會有蚊子，八月的夜晚炎熱難耐；如果想在頂樓或陽臺好好享受夜晚的氣氛，六月是最好的時機，尤以夏至為最，請銘記在心。

第五，喝啤酒。

自古以來，節日都有必吃的食物，像新年要吃年糕湯，中秋節要吃松餅[23]；夏至，就要喝啤酒。夏至當天之所以要喝酒，就像前面提到的，是為了盡情享受白天喝酒那種放肆和叛逆的感覺。至於為何不是喝燒酒或葡萄酒，而是要喝啤酒，則是因為夏至差不多是啤酒的主原料——麥子——收成的時候，自古以來，人們就習慣在夏至當天飲用由第一批收成的麥子所釀成的啤酒……這個說法是開玩笑的，純粹只是因為我自己喜歡。

第六，邀請需要叛逆一場的朋友和你一起度過。

去年夏至，我造訪的一家南山山腳下頂樓咖啡廳很不錯，今年夏至我也想去那裡度過。然而，很少人有辦法在太陽下山前抵達那裡；更少人能夠完全理解，我想要在太陽下山前抵達那裡的心情。幸好，我有幾個朋友在首爾車站附近上班，離南山很近，欣然接受了我的邀約。但我相信，一定有很多人很難找到一起

㉓ 韓國中秋必備的傳統食物，外型如同小饅頭，其中包有芝麻、黃豆、紅豆、栗子等內餡。蒸煮時會在上層鋪上一層松葉，讓松餅散發出松葉的香氣，故得名。

度過夏至的朋友。在這種情況下，請轉為邀請需要叛逆一場的朋友，推薦他在夏至當天和你一起叛逆。要是朋友問你，為何非得在夏至當天，請你參考以下段落，說明給你的朋友聽：

不同於西洋情人節或商人炒作出來的Pepero Day[24]，夏至並非不得不跟著別人一起慶祝的節日，你可以依照自己的意志去歡度，把它變成你特有的特殊節日。而且，夏至的歷史能夠追溯到西元前，令人感受到深厚的傳統淵源。如果你開始以特別的方式去慶祝夏至，每到六月，你就會格外興奮；如果要把跟自己沒什麼關係的韓國護國報勳之月[25]——六月，變成自己最喜歡的月分，唯有透過夏至！夏至，你的最愛！一起懷著期待的心情，等待夏至到來吧！

---

[24] 類似情人節，不過日期是十一月十一日，韓國人會在這天送Pepero，跟家人、朋友、情人表達情意。Pepero是樂天公司出產的一種長條狀餅乾，容易讓人聯想到日期中的數字十一。

[25] 在韓國，六月六日是顯忠日，六月二十五日則是韓戰紀念日，基於這兩個重要日子，六月被稱為護國報勳之月。「護國」和「報勳」分別有保護國家和報答功勳的意思。

12 皮拉提斯，不會很無聊嗎？

我偏好能夠宣洩精力的運動，像是游泳和慢跑，我就很喜歡；至於瑜伽、皮拉提斯，我則敬而遠之。幾年前，我跑完七公里之後，我的腰痛和足底痛開始惡化，嚴重影響了我的生活。很多有過腰痛的人都建議我去做皮拉提斯。我光想就覺得很無聊，但為了撐下去，我決定開始學皮拉提斯。

第一個學的是呼吸。我竟然在學呼吸……難道，我之前做的呼吸都不叫呼吸嗎？接著，第二個學的是站立。老師說：

「請將你的頭，往天花板的方向向上提，讓身體長高。腳後跟用力壓地板，腳趾放鬆。腹部朝著胸腔的方向，向上提。大腿前側放鬆，感覺大腿遠離你的腹部。喔喔！小腿不可以用力喔！臀部鬆開，大腿後側肌群出力，向外旋轉後，再向內收緊。膝蓋不要向後壓，背部向下放鬆，肩膀拉開，肩胛骨不可以往內收喔！胸腔，吸氣！吐氣……。」

開始做皮拉提斯之後，我走進了一個關於身體和語言的新世界。老師說的明明是我聽得懂的語言，我卻聽不懂他說的話是什麼意思。就算偶爾聽懂了，也做不出他說的動作。

把頭向上提，我不就死了嗎？我已經停止發育，要怎麼讓身體長高？我的腳已經踩在地板上，要怎麼再往地板壓？我的小腿從來就沒用力過，怎麼可能用力？我的臀部又不是捲筒式衛生紙，要怎麼鬆開？我的肩膀又不是紙張，到底要怎麼拉開……我這輩子，有可能聽懂這些話的意思嗎？

就像面對皮拉提斯的語言一樣，我突然感覺自己的身體好陌生。原來，我一直都**不了解自己的身體**。

但，我無論如何都必須撐下去，課程費用也已經付清了，沒什麼理由放棄，所以每週，我都會走進那陌生的世界兩次。雖然我不清楚自己如何開始聽懂的，但老師所言逐漸一句句的體現到我的身體上。不知不覺，我竟然能夠同時把頭向上提、讓身體長高、用腳底壓地板、把小腿和臀部都放鬆、把大腿向外旋轉。我的腰痛程度和頻率都下降了，身體也似乎變靈活了。

七個月過去了。我還是一樣喜歡能夠宣洩精力的運動，但如今，我也喜歡皮拉提斯。即使速度比較緩慢，我仍希望不斷探索和認識自己的身體。

13——海苔飯卷的未來

某一年，我特別常吃海苔飯卷；每週至少吃一次，多則吃到三、四次，因為下班後，回家再煮晚餐吃的話太晚了。如果去外面的餐廳吃飯，我常常覺得分量太多、很有壓力。但，我也不喜歡隨便充飢。

這時候，沒什麼食物比海苔飯卷更適合了。海苔飯卷看似簡單，餡料卻很豐富；雖然價格低廉、容易買到，但吃起來很紮實，甚至很美味。就算經常吃，也不太會吃膩。究竟是誰，第一個想到要用海苔把飯和各種食材包在一起吃呢？某天我發現自己很常吃海苔飯卷，便預料到海苔飯卷即將榮登我的「年度美食」。

一般來說，海苔飯卷做失敗的機率很低（雖然很不幸的是，便利商店的海苔飯卷每次都很失敗），任何一間餐廳賣的海苔飯卷，味道都有一定水準。但反過來說，要找到特別好吃的海苔飯卷很困難，因為海苔飯卷的食材都大同小異，要做出有別於他人的味道並不容易。你必須提升食材的品質，味道才有可能變得更好，然而，消費者可以接受的價格範圍又有限。雖然有些品牌推出了「Premium極上海苔飯卷」，但海苔飯卷與「高級」二字依然相距甚遠。

海苔飯卷除了有海苔和飯以外，裡面的食材至少都有五種，實在不應該如此廉價。炸醬麵已經從五千韓元漲到六、七千韓元了，海苔飯卷卻依然平均不到三千韓元。這怎麼可以呢？甚至，連「包」海苔飯卷的動作都說明了價格的低廉（譯註：「包」的韓文是싸다〔ssada〕，這個詞也有「便宜」的意思）。

海苔飯卷在榮登我的年度美食之前，故事幾經曲折——其實，我原本很討厭吃海苔飯卷。六歲那年，我曾經在吃完海苔飯卷後嚴重暈車，連帶造成內心陰影，導致那之後頭幾年，我完全不想碰海苔飯卷。不過，由於海苔飯卷這種食物過於普遍，所以我經常在生活中看見。偶爾，我會吃個一、兩卷，但絕不會帶去郊遊。雖然不知道現在是不是還這樣，但那時候，只要出去郊遊，十人之中，有十人會帶海苔飯卷出門，我也因此一度被誤會是生活有困難的人。

平常，我也會吃一下朋友做的海苔飯卷，但很奇怪的是，郊遊的時候我就是不吃。有很長一段時間，我都不知道確切的原因是什麼；後來我才發現，原來關鍵是海苔飯卷裡火腿的味道，尤其是在悶熱的遊覽車上放了兩、三個小時那種。

意識到這件事後，高二那年的校外教學，我第一次嘗試帶海苔飯卷作為午餐，裡面沒放火腿，而是改放醬燒牛肉和爽口的紫蘇葉。那天，我媽特別用心的做了海苔飯卷，光是餡料就有七、八種，豐富到滿出來——我花了十年，才終於克服內心的陰影。

之後的十多年，我只有偶爾會想起那段不敢吃海苔飯卷的時光而已，除此之外並無其他想法。但幾年前起，我開始變得很常吃海苔飯卷，並且確立出自己的喜好。這並不是一件容易的事。

我想找出以往吃過的店家裡，比較好吃的海苔飯卷是哪些，便走進我看到的每個店家，一項一項的試過，陸續發現「延禧飯卷」、公司附近「金家飯卷」的豬肉飯卷，以及「金末子」的迷你飯卷；也了解自己討厭有香腸或火腿的口味，喜歡主要食材有調味過的。延禧飯卷沒賣含有火腿的口味（我推薦醬燒牛肉飯卷、小魷魚飯卷，請各位務必吃吃看，而且一定要吃兩次）；金家飯卷的豬肉飯卷是以豬肉代替火腿；金末子的迷你飯卷有醃章魚、魷魚絲、鯷魚、辣炒雞肉等口味。

海苔飯卷吃著吃著，並且榮登我的年度美食之後，我總覺得，日後我應該努力尋找更好吃的海苔飯卷在哪裡。

我還小的時候，海苔飯卷是只有在郊遊的日子才吃得到的特殊美食（說這種話，活像個老人）。本來隨時都可以用低價買到的這種食物，這幾年卻開始出現各種不同口味，變成一種美食，讓我很好奇未來的海苔飯卷將有何發展。

對於海苔飯卷的態度——從討厭到開始吃，再到封為年度美食，我花了將近三十年的時間。既然已經了解自己在海苔飯卷上的喜好，現在，我開始想要為海苔飯卷做點什麼。活著活著，真的是什麼事情都有可能發生啊！

※註：下頁是我大力推薦的海苔飯卷。

• **「望遠洞　金銀島飯卷」的泡菜飯卷：**很難相信它是一般餐廳賣的飯卷，而且還是平價餐廳。儘管很多食物裡面都會放泡菜，但很多店家使用的是中國產的。這家餐廳不一樣，我從沒吃過這種味道的泡菜飯卷。多虧有它，「金銀島飯卷」榮登我這輩子最喜歡的海苔飯卷店家。雖然現在泡菜飯卷已經不在菜單上了（老闆說因為製作費工，買的顧客又不多），幸好，金銀島飯卷賣的所有口味都很好吃。

• **「鐘路飯卷　淑大店」的美乃滋鮪魚飯卷：**附近淑明女子大學的學生都不會說「我要美乃滋鮪魚的」，她們會說「我要美鮪」（但我不確定現在是否還這樣）。你不能只是說「我要鮪魚的」，因為這家的「美鮪」跟一般的鮪魚口味明顯不同。一直到現在，我偶爾還是會跟朋友一起到淑大附近吃美鮪跟辣糕麵（辣炒年糕泡麵）。而且，這家店也讓我了解到，同一個連鎖品牌裡，不是每家分店的手藝都一樣。

14 —— 喜歡，一定要有理由嗎？

即溶咖啡包的牌子換成KANU了——總務部放在每層樓的茶水間，提供給同仁喝的即溶咖啡品牌，原本是Maxim，現在變成KANU了，之前都沒事先公告。

一開始我還納悶，Maxim怎麼可能都被喝完，並找遍茶水間的每個抽屜。後來，我才後退一步，緩緩望向Maxim通常會在的那個架子，上面有KANU、咖啡豆、磨豆機、濾杯、膠囊咖啡機，唯獨就是沒有Maxim。

這下我才意識到，在這間公司裡，Maxim的時代已經畫下句點。

我甜苦參半的早晨例行公事彷彿突然受到了威脅。我一邊思考，一邊咬著下脣，走回我的座位。

「沒有Maxim了耶。」

「Maxim？是喔？」

同事們都回答得不冷不熱，一副連茶水間裡面有Maxim都不知道的樣子。我似乎能夠理解總務部的人為何連個公告都沒有，就把Maxim換掉了，大概是因為沒人跟我一樣是Maxim派的吧。

打從我上班開始，我都是靠Maxim來展開一天的行程。雖然我也常在咖啡廳裡喝拿鐵和美式咖啡，但很長一段時間以來，我的早晨咖啡「初始設定值」一直都是Maxim。出國進修語言的時候，我也一直保有這個習慣。每天早上，我都會在教室裡沖一杯我從溫哥華的韓國超市買來的Maxim，它散發出的咖啡香氣，連來自咖啡出產國——巴西和哥倫比亞的同學都迷戀不已。我甚至會每天特意多帶兩、三包到學校，讓有興趣的同學試喝，並告訴對方：「這是韓國人最喜歡的咖啡喔！怎麼樣？很好喝吧？」

但如今，我還能夠說Maxim是「韓國人喜歡的咖啡」嗎？

我突然想起我前公司主管，他有很長一段時間都在幫KANU企劃廣告。他說過，從某個世代開始（我想，可能是Z世代[26]吧？），咖啡一定要是原豆研磨的，他們不喝販賣機的咖啡，也不喝罐裝咖啡。當時，我只是淡淡回他：「噢，說不定喔！」但現在，我彷彿目睹了一個世代與下一個世代的交替，心情變得很複雜。難道，對現在的小孩子而言，即溶咖啡已經變成他們從沒看過的古文物嗎？像磁片和電話聽筒那樣？像被韓國人遺棄的社群網站Cyworld那樣？

有朋友說，我的身體有一半都是由Maxim組成的。

我傳了訊息給他：

我們公司的茶水間沒有Maxim了，全部換成KANU。看來除了我跟你以外，沒有人喝Maxim了。

[26] 特指在一九九〇年代中葉至二〇〇〇年代中葉出生的人。

他回：

好傷心喔，咖啡加一點人工奶精才好喝啊。我還有一盒，寄給妳吧！醫生叫我控制血糖，我想喝也喝不了。

唉！原來已經到了「公司茶水間裡沒有Maxim」、「愛喝Maxim的人必須控制血糖」的時代了啊！

每天早上，我用Maxim的鋁箔袋當作攪拌棒（加一點環境荷爾蒙才好喝），站在茶水間裡攪拌咖啡的時候，路過的同事看到都會說：「喔？妳喝Maxim啊？」、「妳好像很喜歡Maxim齁？看妳很常喝耶！」

我一度有點害怕喝Maxim，會在公司裡變得很突兀：是想變成在智慧型手機時代繼續用2G手機的那種人？還是想變成不懂得喝咖啡的那種人？

我想像自己對著別人解釋的模樣：「我其實喝什麼咖啡都好。不管是即溶的、膠囊的、研磨的、濾掛的，我都喝。但開始工作以後，我習慣每天早上到公司都先泡一杯Maxim來喝，好像這樣才有辦法開始工作？而且，一直到午餐前都不太會餓……。」

如果我並不需要對他人解釋自己的興趣，該有多輕鬆？我不喜歡擁有過時和非主流的喜好。我想告訴別人，我不是喜歡Maxim，只是喜歡喝咖啡。我想要成為勇於放下舊事物並嘗試新事物的現代人，以及累積經歷後眼光提高、擁有更高級喜好的大人。

可是，我喝Maxim，**一定要有什麼理由嗎？**我覺得好不好喝，那才是重點吧！茶水間裡面沒有Maxim了，對我來說很震撼沒錯，不過我也因此更了解我對咖啡的喜好，並且意識到我對於Maxim的熱愛。雖然「即溶咖啡＝Maxim」的公式，於我而言也可能很快就不再成立了，但明天早上，我依然會按照我現在的喜好，沖一杯Maxim來喝。

果然，要**確立自己的喜好，第一步是先「認同」**。

15 「繼續做」比「做到好」更強

大約是我學皮拉提斯兩個多月的時候，我跟著老師的指示，做動作做到一半，突然在自己也沒意識到的情況下發了脾氣。

老師困惑的問我怎麼了，我回答：「我想把動作做好，但一直做不好。」

「你聽過皮拉提斯的國家代表隊嗎？皮拉提斯這個運動，沒有『做好』或『做不好』。」

但，我還是有點氣自己。不是因為我想成為全世界最會做皮拉提斯的人，而是希望自己至少可以成為學皮拉提斯兩個多月之後，進步比較快的人。做皮拉提斯，你不需要跟其他人比較數字的高下，然而你會知道，自己究竟做得好不好。

我知道自己不是皮拉提斯天才，不過令我生氣的是，我一直沒辦法做得更好——

我想做好，所以我開心不起來。

編製我自己的書時也是如此。書稿收尾的那段期間，我的臉上冒出好多又大又頑強的痘痘，數量多到我去皮膚科打痘痘針的時候，醫師打針打到一半，一度忘了他到底打了幾針。就這樣，我跟書稿奮鬥了好幾週，進度卻依然緩慢。不知有多少個日子，我掙扎到凌晨，頁面仍一片空白。我試著想像自己的書在書店上架的樣子，也試著列出清單，計畫我收到版稅後要做哪些事。但這些都沒用，我只感到更痛苦。

痘痘、寫不出來的稿子，都是因為「我想做到好」。

我想寫一本對讀者來說有價值的書；我想讓自己的書成為出版社的期待之作；我想讓身為第一個讀者的自己感到滿意。結果，我被這種想做到好的想法給束縛，遲遲踏不出去。

後來，我對於皮拉提斯的怒氣自然而然的消失了。由於我還有已結清的課程沒上完，無法就這樣不去上課，所以只好繼續做我那做不好的皮拉提斯。已結清的課程都上完後，我又因為新的優惠方案而買了新的課程。上著上著，我慢慢開始使用到我以前沒使用到的肌肉，也開始做出我以前做不出來的動作。不知不覺，皮拉提斯已經變成我日常生活的一部分，幾乎讓我忘了自己曾經生氣的事。老師說得對，皮拉提斯這個運動，無所謂做好或做不好，只有做或不做的分別。

寫作瓶頸也是如此。不要「想寫好」，只要「寫下去」，情況就會逐漸好轉。坐在書稿前，我不再去苦思想做到好這件事。有一次，我甚至在稿子裡胡亂打出「我覺得好煩」、「我不想寫」等句子，但打著打著，慢慢就想到一、兩個可用的句子了。我需要的不是想做到好的那份心，而是繼續寫下去的一雙手。**「做不好」不是問題，「不做」才是問題。**

比想做到好更為強大的，是「繼續做」、「做下去」、「做到最後」。如果我不去想「做到最好，然後結束」，而是保持好的狀態，一直走下去，那麼過程中的一切，最後都會形塑出「我」。未來，手中握有這本書的時候，我會記得那個堅持到最後的自己，而不是痛苦煩惱著的自己。往後，我都會抱著「繼續做」的想法，一直走下去。

第四章

戀愛

身為大人也會失敗的事

1——喜歡我的我不喜歡，我喜歡的不喜歡我

某年夏天，一如往常的，我的相親過程中發生了一些趣事，然後就結束了。

相親這種活動，可以跟對方聊一些特別且「有趣」的話題，所以我一直都不排斥、不討厭，總是大大方方的出席，彷彿是去查明自己不得不單身的原因。有時候，我甚至一點都不緊張，只覺得自己是去增加一些有趣的經歷，而不是去認識新的男生。

如果有一部小說的女主角相親了一百次，讀者往往會期待她在一百次的相親過程中，愛上某個人；但我來寫的話，她在相親一百次之後，就會出門去相親第一百零一次。因為，這樣更貼近真實世界。

我想分享一下相親過程中發生的幾則趣事。為了保護他人隱私，以下不會提及人物姓名等個資內容。

（1）他幫忙開了車門：介紹兩人認識的朋友說，他喜歡具有女生特質的女生，喜歡那種開朗、愛講話的女生。因此，她沒抱多大期待。「你應該站在我的角度幫我介紹對象吧！怎麼是站在對方的角度！」

他幫她開了車門。她感到受寵若驚，第一次享受到這種待遇，覺得自己好像變得很特別。他斯斯文文的，笑起來像個少年。他比她想像的還要不錯。但是，他是那種會幫任何人開車門的男生，而她也是那種會對任何人都很開朗的女生，兩人半斤八兩。所以，這次相親很快就結束了。

（2）在颱風天見面的他：他是國土交通部的公務員，見面才五分鐘，就說因為颱風來的關係，他坐一下就得離開了，並請求她的諒解。四十分鐘後，他喝完一杯拿鐵，向她相約下次見面，就把她留在原地離開了，再也沒回來。

（3）**名叫「約翰·史坦貝克」的男人**：一副博士樣的他，帶著一本原文的《憤怒的葡萄》（*The Grapes of Wrath*）[27]前來，給她帶來很多歡樂，讓她有了寫作的素材，所以她給他打了高分。他也是這時代少見、有韌性的那種男生，她很欣賞這一點。但，後來的互動無趣到不行。兩人互動了將近三個月，他不是聊天氣熱，就是聊下大雨，盡是一些天氣相關的老套話題，她後來就聊不下去了。他的韌性，彌補不了他所缺乏的創造力。

（4）**我們有機會再見**：長得像純樸農家子弟的他，是個金融圈人士，所以她覺得認識一下也沒什麼壞處，說不定相處久了會日久生情。晚餐時間，兩人一起吃了有牛肉的披薩和義大利麵，還吃了鬆餅、喝了咖啡。互相道別時，他對她說：「我們有機會再見！」她很清楚這句話的「機會」代表什麼意思——不會有那種機會出現的。

（5）**他沒愛上她**：牽線的人說，他是個很有sense的人。沒錯，他是罕見有

sense的那種人，所以她急了，主動聯絡他想約見面。但，後來什麼事也沒發生，於是她就懂了。自古以來，男生遇到有興趣的對象都會主動聯絡；然而，他並沒有聯絡她。

（6）為了你的將來，我想告訴你，為什麼不可以這樣：說得好聽點，你可以說他很「單純」；無論是自己的主修、夢想、挫折，還是與爸媽之間的衝突，他都毫無保留的傾吐出來，還說，因為她太漂亮了，他也不知道自己在講什麼。面對這樣的稱讚，她沒動心，只想告訴這個完完全全展現自己、連自己的第一次都快要分享出來的他：「孩子，你不可以這樣，我們今天才剛認識而已耶。」最後，她拍一拍衣袖，鄭重的斷絕了與他的聯繫。

㉗ 美國作家約翰·史坦貝克（John Ernst Steinbeck, Jr., 1902-1968）於一九三九年出版的長篇小說，是一部偉大的美國社會紀實文學，這部小說在當年獲得「賣得最快、評價最高、爭論最激烈」的評價，一時成為禁書，又被當眾焚毀，最後迫使國會立法，資助農民。

（7）**無趣至極的相親**：他是她姐姐的小學同學的堂表弟妹的朋友（＝陌生人）。他與她只聊到彼此其實是小學同學，而且第一次見面就一起吃了四人份的烤五花肉，最後，牽線的人和姐姐另一個同學的老公（＝陌生人）也加入喝酒，然後就結束了。總而言之，就是和陌生人一起度過無趣至極的三個小時。

我喜歡的男生，都有一個共同點——沒愛上我；喜歡我的男生，也都有一個共同點——是我討厭的那種類型。情況這麼矛盾，你問我為什麼還一直相親？

我大學的時候，有一個教授說過，海明威（Hemingway, 1899-1961）[28]被懷疑是為了尋找寫作素材而上戰場，以及因為找不到寫作素材而選擇自殺。我似乎有某個部分和海明威滿像的；我好像也是為了尋找有趣的寫作素材而去相親。可就算沒人再介紹我去相親，我也不會自殺——到了那一天，我會選擇加入婚友社。

---

[28] 美國、古巴記者和作家，二十世紀著名小說家之一。他一生中獲獎無數，《老人與海》（*The Old Man and the Sea*）為其最有名的作品。

2——向暗戀對象提問

「你假日是跟誰一起過呢？」

這是一個很簡單、很普通的問題，可以拿去問任何一個剛過完假日的人。可是，我問不出來。就算暗戀對象的回答不一定會反映出其感情狀況，我還是問不出來。

如今回想起來，也許我早已有預感，他的回答會讓還沒跨出第一步的我立刻放棄，所以，我才忍著沒問。

但無論如何，這都是我必須問出來、並且得到答案的第一個問題。於是，我左思右想，試圖找出更委婉一點的問法。後來，我問出一個很自然、我練習很多次的句子：

「你那麼忙，會有時間約會嗎？」

好不容易問了出來，心裡又開始緊張，不知道他會怎麼回答。我怕自己會發現，他其實已經有穩定交往的對象了，而我頂多只是他的朋友C或同事D那種連名字都沒有的生命過客。

再加上我的提問有點避重就輕，他說不定也會避重就輕的回答我。但，他沒有這麼做。

「找空檔囉！畢竟我們的時間不是配合得很剛好……。」

我的心情變得好微妙。雖然遇過幾次這種情況，但每次，我都問不出自己真正想問的問題，對方也總是迴避或者說謊。也可以說，我只願意聽我想相信的部分，抑或是對方在耍我，只說我想聽到的那種答案。

對方沒有百分之百專注在我身上的時候，我雖然會猜測他已經有對象了，卻從不進一步問出確切答案，只是留在原地乾著急：「怎麼辦？我該怎麼辦？」沒有鼓起勇氣去問個清楚、走出那片泥沼。

迷失了好幾次以後，我開始慢慢振作起來，並且意識到，只要我適時的問個清楚，也完整接收對方給我的回答，就不會再發生以前那種失誤（說是失誤，但其實是我自己執念太深）。

然而，這次，我還是一樣沒問好第一個問題。我省略了最重要的步驟——「先確認他現在有沒有可能跟我談戀愛」，而只想著那之後的第二個提問。我過分的想著他，滿腦子都在想自己下一句要問什麼，才能繼續和他對話。我站在衣櫃前，苦思該穿什麼衣服好；我問比較有戀愛經驗的朋友，有沒有什麼建議；我站在鏡子前練習，怎麼笑才更好看。一不小心，我就獨自陷入了暗戀的漩渦裡。

即使他已經回答「會找空檔約會」，我對他的暗戀依然尚未緩和。

我沒有停下來意識到那個回答所代表的意義，並且整理自己的內心，反而開始想：「他們也可能分手，不是嗎？」、「我可以把他搶過來，不是嗎？」一直到我告訴自己：「不，不可以。但從人與人一般交往來看，我們還是可以變得很要好，不是嗎？」才找回一點理性。

但一開始，我還是假裝我問了很理性的問題，試著欺騙自己。即使對方明顯沒有迴避問題、表明了自身的感情狀態，我仍超譯為：「他回答了我的問題，所以他是好人，我可以跟他變成好朋友。」甚至等著他哪天跟現在的對象分手。

說不定，有人真的能夠一直徘徊在對方身邊，並保持適當距離，然後在機會出現時拿下對方。但，我不會是那種人，也不知道什麼叫做「適當」；我啊……一旦愛上對方，要我立刻一個人從首爾直奔釜山也可以。

經歷過幾次這種狀況後，我認清了自己是什麼樣的人，也清楚我下次應該採取什麼樣的態度：即使我已經有點愛上對方了，也只要在原地踩剎車就好。簡單，明瞭。

只是，我發現自己還是忍不住再三回味他的笑容、他和我之間再自然不過的對話，以及他和我有過的共鳴。

痛苦歸痛苦，但我應該退回不需要向他提問的那個階段。只要練習五天左右，我就可以裝作他不過是我認識的一個朋友罷了。我知道，我只要繼續假裝下去，有一天他真的會退回那樣的位置。

我不會再向他提問了。有過那麼多經驗，我的理智至少也應該贏過我的衝動一次，放下心中那些問不出口的提問吧！再見……再見了。

3——相親六十次之後

到目前為止，我總共相親了六十次[29]左右。我的男生朋友並不多，而且我既沒時間，也沒加入什麼以興趣為主的團體，對我這類的人而言，相親這個管道頗為經濟實惠，可以讓我認識新朋友。

這幾個月以來，我相親了大約十次之多。經過這麼「密集」的相親，我學到的教訓之一是——我不適合相親。因為區區一次見面，對方不可能立刻展現出多

[29] 在韓國，相當流行相親，據統計，到了適婚年齡的年輕人，平均每週會安排兩次相親；至於婚友社，在韓國有超過兩千五百家，不僅被認為能找對象，也有助於拓展人脈。

麼吸引我的魅力，而我也不可能給（對我而言沒有強烈魅力的）對方下一次見面的機會。

像我這樣的一個人，至今還這麼反反覆覆的參加相親，看起來就像一個沒天分、沒才能、任誰都不指望的人當了十年練習生，卻持續夢想成為藝人。

「說不定，改成獵豔、直接搭訕還比較快……。」抱持著這個想法，我暫停相親了；但不久後，我發現自己又開始相親。這感覺就像，對方在約會的兩小時前突然更改了時間、地點，我還瘋狂的回覆他：「OK、OK」、「沒關係」、「哈哈」、「:)」，並陷入出神的境界。

我想起自己為何暫停相親，也開始懷疑自己的心態是不是有問題。兩人都還沒見面，我就已經準備好要透過對方的言行，找出我不喜歡他的原因，以及我依然保持單身的正當理由。兩人見面後也是如此，我總是在推敲對方的言行舉止有何含意。

「這麼常傳訊息，他應該生活過得很無聊吧。」

「他說他不喜歡上教會的人，那他應該覺得我不怎麼樣吧。」

「無論如何，只要對某宗教有偏見，他就是個奇怪的人。」

我總是認為「相親成功過的人，才有機會成功」，所以每次見到對方之前，就已經做出結論，認為自己「從沒成功過，這次當然也不會成功」，或者因為害怕單方面被拒絕，所以事先防衛了起來。

曾經，在回家的路上，我收到對方傳來的訊息，直接表明了他對我的好感。我不知道自己應該接球還是欲擒故縱，因此總是拐著彎回答，讓對話氣氛時好時壞，最後曖昧不明的畫下句點。

我開始審視自己：「是因為我想太多嗎？」唉……這樣思索的時候，我又想太多了。難道要什麼都不想、只跟著感覺走，才能夠成功嗎？想著想著，我就睡著了。

隔天，他打電話給我。大白天的，他就喝醉了，劈頭直說：「我想妳！我喜歡妳！妳不喜歡我嗎？」最後還說：「妳要不要現在來我家？」我一肚子氣，便假裝自己醉得更厲害，把電話掛了，再也不跟他聯絡。

他真的有點怪……太怪了，真的。

4——只有我戀愛不順

（1）年度插曲男：有個男的透過一個相親App（我在幾年前刪掉了）認識我，然後某天突然私訊，說他一直有注意到我更換KakaoTalk[30]自介。這種開啟聊天的方式太有趣，我甚至懷疑他是否知道，我對於這種突如其來的插曲毫無招架之力。

我們聊到我修圖好幾次的十多張大頭貼照片，他也提了一下他最近讀的一本很難的書，讓我感覺他滿可愛的。而且我久違的再次聽到有人稱讚我漂亮，即使

[30] 一款免費的智慧型手機應用程式通訊服務軟體，在韓國使用普及率最高。

有點肉麻，但感覺並不壞。後來，我和他相約中午吃飯……他那一眼就看得出有吸菸的泛黃牙齒、大衣上面的陳年汙漬、幾乎變黑的運動鞋鞋帶（原本應該是白的），在我腦海裡久久無法散去。而我對他的好奇也就此打住。

（2）差不多可以享有「售後服務」了：如今，我差不多可以享有相親的售後服務（相親之後，提出再次碰面的邀約）了……不，其實只是我想像自己變成了那種等級（至少能夠收到邀約）。但我怎麼覺得，剩下的對象都是一些沒什麼太大缺點、唯獨說話無聊透頂的那種人？可惜那樣的缺點太過致命，我實在接受不了。

（3）搭訕我的人：我生平第一次在公園被搭訕了，而且一個月內兩次，害我內心升起一股短暫卻強烈的興奮與自信。當下，我還期待接下來會發生什麼事。但後來我領悟到，那種事就只是發生了而已，並不代表對方一定很喜歡我；還有，太快就自行解讀，是很危險的。

（4）賓士邁巴赫（譯註：Mercedes-Maybach，賓士車系副品牌）**男：**我曾經見過一名男子，他開著很多企業老闆和著名演員都擁有的賓士邁巴赫轎車。這名男子說他十六歲進首爾大學，同時取得加州大學柏克萊分校和首爾大學的學位，現在在外商銀行擔任投資顧問律師。雖然他說的話我一個字都不信，但他開過來的車是真的。我也因此得知，原來有「邁巴赫」這一轎車品牌存在，以及，這世上的蠢人還真不少。如果他說是某外商銀行投資顧問律師的司機，那還差不多。朋友們聽完我的推論，紛紛恍然大悟。

我一連相親了幾次後，終於把過程都回顧一遍。看著自己寫下的內容，我忍不住笑了一下，卻越看越覺得自己很可憐。寫的時候，我一方面想：「我再也不要相親了！」一方面又覺得：「下次應該就會成功了！」這時，我剛好又接到一個相親提議，猶豫了一陣子後，我決定接受。殊不知，那將成為我人生中最糟的一次相親。

假如在那之前，我沒去回顧我過往的相親經歷；沒自信滿滿的認為接下來的那個相親對象，無論如何都會是我接觸過的其中一種類型；沒有打算把奮發向上型的男生作為理想對象；沒下定決心以後不再看對方長得好不好看；而且跟我要好的一對夫妻也沒有居中牽線，我就會拒絕那次相親了。

（5）我這輩子遇過最可惡的混帳：那個混帳看起來有點土、有點憨厚，但給人一種值得信賴的感覺。我本來想，只要幫他把土裡土氣的氣質去掉，應該會是個不錯的對象。然而他每到晚上和週末，就幾乎音訊全無，我因而懷疑他已經結婚了，便開始盤問他。起初，他辯稱是忙公司的事，而且不久前和交往多年的對象分手；最後，他終於承認他已經有老婆。他顯然以為我會接受這件事，甚至不接受也無妨，於是我整個火都上來了。

我以為，我可以透過觀察一個人的眼神，以及和他談話，來了解他的為人。沒想到，是我太天真了。面對那些想欺騙你的混帳，你永遠不可能技高一籌。如今回想，我一直有預感他是個混帳，卻還是盲目的選擇相信他，實在太可悲。

戀愛這件事，別人都可以成功，為何對我而言就是這麼難？

有時候，想到我以後可能永遠都談不了戀愛，我就忍不住憂鬱得哭了起來。儘管壓根兒不想看到他的臉，但為了不要忘記那次痛苦的教訓，我的KakaoTalk依然保留了他的聯絡資訊。為了牢記那次恥辱，我決定效法古人臥薪嘗膽，每看一次他的名字，就回想一次那個痛苦的教訓，謹記這世上什麼樣的人都有、看起來奮發向上根本沒啥屁用，還有，**相親的關鍵不是看牽線的人，而是看參加相親的那個人。**

隨著我開始反省自己參加相親以來所學到的教訓，委屈、檢討、自嘲的心理同時襲來。然而，也許關鍵不是那些對象有問題，只是我們彼此不適合而已。又或許，即使我不想承認，但在他們眼裡，有問題的是我也說不定。

回想起來，有個學弟在他二十歲、還是個小鬼頭的時候，曾經瘋狂的愛上我。他結婚那天，我突然領悟到，他其實是個可以變成好老公的對象。

哼，慢走不送！今年我遇到的所有（糟糕的）男人！

5——期待和平分手

不管是誰先不愛了，還是兩人的愛情溫差過大，我都希望最後可以和平分手。即便兩人的相遇再怎麼美好，也不一定能夠迎來同樣美好的離別。但我依然希望，面對兩人之間僅存的同一份感情時，雙方可以真誠、誠實的對待彼此。

不要一直神隱，把責任都推給時間；不要一句話都不說，連分手都沉默；不要在對方面前，從頭到尾只展現出沉重的呼吸、深鎖的眉頭、顫抖的嘴角，像隻狐狸一樣引誘對方代替你提分手；也不要在分手的時候，使用任何象徵或隱喻，讓對方怎麼琢磨都猜不透你分手的理由。請使用任何人都能明白的字句，清清楚楚的提分手。

不要推說因為個性不合、工作太忙、內心沒準備好、父母不同意、生活環境落差太大、自己不夠好、自己很差勁……這些老掉牙、聽了就覺得很假的理由，請承認自己是不願意和個性不同的對象磨合、沒能克服工作上的忙碌、不想準備好、無法對父母提出異議、想繼續當有所不足的那種人……承認你其實是基於那些原因而提分手的。

請誠實的坦白，比起對方，你更喜歡你自己；比起對方的想法，你更在乎自己的想法。對於兩人曾經共度的時光，以及那個曾與你交心的對象，如果可以像追求對方時一樣真心，鄭重的為感情畫下句點，就好了。

也許，比起告白的時候，提分手需要更多的準備和勇氣。因為告白的時候，你不一定需要一個明確的理由，也無須擔心對方的內心是否會受傷；然而，苦思之後所提的分手，卻不是如此。

愛情在某些情況下可以由一個人完成，分手卻不能。即使只有其中一方下定決心要分手，兩方的命運都會因此被左右。

不過，即使是和平的分手、雙方都可以接受的分手，兩人的內心也絕不會平靜無波。但我相信，和平的分手，總好過讓其中一方陷入無止境的黑洞，不停思考自己過去到底錯在哪裡，最後連自己正在尋找「什麼」都忘了；或者，比起無禮且不明不白、讓對方難以理解而陷入憂鬱的分手，和平分手一定能讓雙方更快走出分手的傷痛。

我希望，從今以後，我交往的對象都懂得如何和平分手。

不用分手的話，當然最好。可是，如果到了必須分手的時候，與其因為害怕分手而浪費彼此的心力與時間，我寧願強忍傷痛和失落，如此坦然面對，分得乾淨俐落。

若每次分手都能好好處理，**想著自己有所成長以後，還有機會遇見更好的對象**，那麼剛剛冷卻下來的那段感情，似乎很快就能夠放下了。

如果可以，我想經歷一次這樣和平的分手。因為，在那樣的分手之後，下一段戀情彷彿就一定能開花結果。

6——你相信婚姻嗎？

大學畢業後的第二年起，我經常接到婚友社和職業媒人的電話。因為說了好幾次「我很忙」都沒辦法打斷他們，後來我改變策略，說：「我下個月要結婚。」還挺有效的，所以我都用這招來對付他們。某天，我又接到一通這樣的電話，正準備坐下來勸退對方的時候，我突然好奇：「他們到底是做什麼的？想從我這裡得到什麼？」

因為時不時就會接到這種電話，我開始對他們產生了好奇。如果我試著進一步了解，說不定很有趣。於是，我決定下次如果再接到這種電話，要跟對方好好聊一聊。

彷彿心有靈犀，很快就有人打電話給我了。對方自稱是專為富裕階層服務的職業媒婆，她已經六十多歲了，聲音聽起來卻非常年輕活潑。

她說，她之所以打電話給我，是基於三個原因：我的年紀、我的祖籍，以及女子大學的學歷。

「不用多說，我們直接見面詳談吧！」

她要我到她的辦公室找她，讓人感覺不太對勁，但我不以為意，因為，我相信我自己。

她先稱讚了我幾句，然後提起我的八字有很多「土」，還說我從今年八月開始走兩年的好運，一定要趁這兩年趕快結婚；否則，下一個結婚運要等到我三十八歲的時候。我的八字裡面，有財富、有兒女，事業也很成功；但，因為遇不到男人，所以不靠媒人的話很難結婚。

接下來，不知道是稱讚還是人身攻擊，她開始談我的外貌。

她說，男人都不喜歡身高超過一百六十四公分的女人，大多喜歡個子嬌小的，我剛好是這一型。雖然看起來有點矮，但四肢很修長，所以沒關係（我？真的假的……）。而且我的頭型很好看，耳朵也很有福氣；鼻梁的部分，做個微整型就可以了；其他缺點就算了，無須多問。接下來，我只要好好享受相親的售後服務即可。

她繼續說下去。

她說，她看出我想透過結婚來提高自己的身分地位。但我要知道，平日生活裡遇到的男人，一定都是些不怎麼樣的貨色，絕對不可能找到滿意的對象。我不應該接受那種像大特價時贈品等級的男人，尤其對我而言更是如此。我應該用合理的價格，去買優質的正品……（中間省略）醫師不錯，律師不怎麼樣。首都圈以外的醫學大學畢業生最適合，嫁妝[31]才不會要求太多。而且，現在的醫師都比較有錢，不一定會找有錢的另一半。他們會加入婚友社，尋找自己喜歡的女子，因為婚友社會員的身分都有經過確認。

無論她說什麼，我都笑笑點頭，讓她似乎說得更起勁了。她彷彿認為透過八

[31] 韓國有個約定俗成的觀念：新婚房由男方負責買，女方則買家具和家電，並在結婚時備妥嫁妝，如訂製韓服、紅包、禮物等。

字和我的幾句回答，就摸透了我整個人，每分析一句就問我：「對吧？是不是？我看得很準吧？」

她說的內容，有一半對，有一半錯。這種命中率，其實任何人都能做到……但我沒把我的想法表現出來，只是繼續邊聽邊點頭。對於我這樣的反應，她很滿意，便接下去談「何謂成功的婚姻」，並且給我建議。

由於情況太好笑，我差點忘了自己來的目的。但，我很快就恢復平靜，想起我來的目的只有一個——解決我心中的好奇，於是開始反問。

「那，會費是多少呢？」

她隨即鋪陳起來，講得落落長，看來，會費比我所想的還要高。接著，她小心翼翼的詢問我的年薪和開銷程度後，便大談她手上有的男會員的經歷和身家，並說明她的薪水和負責哪個等級的會員，再稱讚一下我的外貌、學歷和整個人的感覺，終於說：

「妳平常開銷三十萬韓元左右的話，先加一年的會員吧！」

「三百六（譯註：後面對話提到的金額，除了嫁妝一億韓元以外，其他數字後都省略了萬字沒講）嗎？」

「不是，再多一點。」

「四百？」

「不是，是四百五……豪門方案本來是一千兩百五十韓元，算很便宜的了，而且已經給妳算親友價，還有外貌不錯的優惠哦！我就先收妳三百六，剩下的就等妳結婚，我再跟男方收。」

「那，跟醫生結婚的話，嫁妝大概要準備多少？」

「差不多要一億韓元喔。但我會跟男方的媽媽說好話，幫妳減兩千。而且憑醫生的信用，銀行可以借到四千。只要女方條件好，男方都願意做到這些。但是要對自己的媽媽保密喔！」

「我在女性排行中，算是哪個等級的呢？」

「剛剛不是跟妳說了嗎？那些都不用問，靠售後服務就對了。簡單講，妳也是要勾引男人。不過，妳算是前〇．五％的了。」（我？竟然有前〇．五％？）

我一直忍不住想笑，暗自心想：回到家後，我一定要把一切都記錄下來。眼看對話了好一陣子，我都沒給她一個確切的答覆，她似乎有點急了，於是問我：「妳有帶身分證來嗎？」

這關鍵的一句話，讓我很肯定，我絕對不可以相信這個地方。我為什麼要把自己的身分證交給她？

由於我已經滿足心中大部分的好奇，便開始委婉拒絕她。不過，她可沒這麼輕易就讓步，直接問道：「老實說，是不是因為錢的問題？」

我擺出瞬間暴怒的樣子，質問她找另一半，錢哪有那麼重要？雖然暴怒是假的，但我真心這麼認為。而且，我不想為了達成「結婚對象就該找醫生」、「醫生喜歡女子大學畢業的」等公式，就掏出我口袋裡的錢。

我把我放在一旁的包包拿了過來。她問我為何急著走，然後又開始說服我：

「這些，妳只要自己知道就好，這種事不是每個人都遇得到。妳的朋友會嫉妒妳，說這種地方都是騙人的。妳如果告訴媽媽，會費花了四百五十韓元，她會量給妳看，妳只要說花了一百五就好。還有，如果朋友問妳怎麼認識老公，妳就說妳無意之間認識的。」

天啊，越說越……。

「妳先和會計師、專利師試試水溫，之後再開始找醫師。其實，我也很急，我二十五日前要找到人選，妳剛好很符合。」

我想也是，畢竟我是前〇・五％嘛……。

「我想再考慮一下，因為我以前沒想過用這種方式來找對象。而且事關重大，我需要跟媽媽討論。」我婉拒了她。

「光想是沒用的！這種事情一定要靠決心，做了再說，才可以成！」

哎呀，竟然把我看輕了。我笑笑的回她：「在電話裡面，您說只是先做個簡單的諮詢，就算我當場說要入會，您也會阻止我，不是嗎？今天我如果不入會，就不能離開嗎？呵呵……。」

她說，她會再打電話給我。

「不用了，我想好之後，會再打給您。」

但是，她依然不讓步。

「好，那等休假結束，大概八月的時候再打來。」

她聽我這樣說，終於肯送我坐電梯下樓。我忍不住想笑，甚至一邊走一邊笑，笑到路人都看了我一眼。我怕自己被誤會成精神有問題的人，甚至一度考慮要不要假裝在講電話。

哈哈哈哈哈哈！

靠結婚來提高身分地位？很抱歉，我還真的沒想過。醫師？律師？我的確認為，他們的世界和我的世界很不一樣，但我並不認為，這之間存在著高低之分。所以「提高身分地位」這六個字，本身聽起來就很好笑。

我仔細思考了她這種職業，以及會把結婚這件事交給她處理的那些人。他們都是些什麼樣的人？

她提到：「只要有需求，就會有供給。」這句話並沒有錯。人們會付錢給她，請她找結婚對象。然後，她拿收到的那些錢去買LV包、打肉毒桿菌、買紅色洋裝。

我突然覺得，他們好像都相信婚姻，相信透過結婚就可以獲得某種東西，可能是錢，可能是身分地位，可能是一個帶出門也不會丟臉的妻子、一個可以擔任好母親的女子，甚至是愛情……而且他們似乎都認為，別人也都擁有相同的信仰。要不是我的想法不同，我可能也會接受這種「福音」吧。

我一直認為，高中畢業、進入大學、找到工作之後，接下來就是結婚，此為人生必經過程。可是如今，我開始困惑了。無論是為了提高身分地位，還是只為了擁有安定的生活，我身邊沒有任何一對夫妻過著理想的婚後生活，反倒是「愛情與戰爭」[32]那樣的現實，充斥在生活當中。

或許以後我的想法會改變，但最近的我，既不太懂愛情，也不太相信婚姻。不過，我並非認為那些已經結婚、或即將結婚的人，都下了錯誤的決定。我只是希望他們都可以過得幸福快樂，成為我的榜樣……。

那麼，你相信婚姻嗎？

---

[32] 有同名韓國電視劇，劇中呈現出一對夫妻之所以想離婚，可能是日常中遇到了哪些或大或小的問題，又有哪些方法可以解決。

7——想談戀愛的原因

「我為什麼想談戀愛？」

如果我這樣問自己，說不定有人會反問我：「妳有想談？」這句話背後的意思是：「我從沒表現出想談戀愛的樣子」，彷彿濃縮了我過去聽過無數次的「妳真的想談戀愛嗎？」、「妳想談戀愛的話，怎麼還那麼挑？」、「想談就去談啊，有什麼問題？」這些不知道是疑問、還是在指責我的反應。但無論如何，我都必須強調，當別人那樣反問我的時候，他們只是針對「戀愛」這兩個字出現反射動作而已，而不是針對「為什麼」。

「我為什麼想談戀愛？」我之所以這樣自問，是因為每當我表示：「我想談戀愛，但沒談戀愛（或不懂得如何談戀愛）的我依然很幸福。」別人都會以為我在反諷自己，而笑我這樣說。可是，我真的「大多時候」都是幸福的，所以那樣的反應，總是讓我感到受傷。

不過，我似乎也可以理解他們為什麼會笑我：我的欲望明明沒得到滿足，我怎麼可能覺得幸福？當然，**每個人心裡的欲望都有優先順序**，你不會因為其中一個小小的欲望沒有滿足，就認為自己很不幸；例如，飯後你想吃冰淇淋，就算最後沒吃成，你也不會因此覺得自己是個不幸的人。

但問題就在於，大家沒有把「戀愛欲望未被滿足」與「沒吃成冰淇淋」兩者等同視之，都認為戀愛很重要，優先順序比吃冰淇淋更前面。所以，人們都不相信想談戀愛、卻依然單身的我，說自己很幸福。

我希望自己這輩子會結婚，所以想和男生交往、想談戀愛。儘管因為擔心結不了婚，有時會督促自己趕快去談戀愛而（透過相親等方式）做出努力，現在的我依然單身。不過，你不能單憑如此，就說我因為沒談戀愛（或不懂得如何談戀愛），所以不可能幸福。因為如果真是那樣，所有談戀愛的人都應該是幸福的；可是，有多少人不是那樣呢？

雖然現在的生活不包含戀愛挺可惜的，偶爾也會讓我覺得自己很不幸，但**「大多時候」的我還是很幸福**——我不可能因為戀愛進度一片模糊，就覺得每個當下的自己都很不幸。然而，別人聽完我的反駁，總是再次笑出來。於是，我又接著思考關於幸福、戀愛、笑和反駁的意義。

我在想，我是因為真的很幸福，所以即使想談戀愛的欲望沒被滿足也無妨，還是因為我其實沒有想談戀愛的欲望？開始急於找出我至今沒談戀愛的原因。

倘若過往的戀愛經歷是一本書，我想必早已複習到整本書都要磨損甚至裂掉了。我曾經思考，我想要的究竟是結婚、戀愛，還是可以將兩者等同看待？我也怪罪過男人，畢竟把責任丟給別人總是比較好過。但，持續怪罪別人，最後還是會碰到某個極限，所以我又回頭審視自己沒談戀愛的原因。

雖然過程中我一度覺得很厭倦，開始否認、忽視一切，我終於還是領悟到，自己為何先前從沒好好思考過想談戀愛的原因——原來，我一直把「我想和男友一起去看看有趣的地方、吃好吃的美食、去圖書館讀書」這種想和男友一起做點什麼的願望，當成我想談戀愛的理由，只在乎戀愛可以帶來哪些變化和好處，而從未仔細思考，自己究竟為何想談戀愛。

倘若我現在很幸福，我又為何一直夢想著談戀愛、夢想達成那個沒被滿足的欲望，偶爾還因此覺得不幸？只要不渴望戀愛，我就不會感到不幸了啊！

有時候，我不得不面對身邊親友那些如同指責般的建言。那些建言的主軸，通常是說我「眼光太高」，說（本身沒多優秀的）我用某種標準來看人，實在不合理。就某種程度而言，那些話並沒有錯，所以聽完那些建議，我總是對自己不夠成熟的品德感到失望，因為自己沒有交往對象而感到愧疚。於是，我在沒談戀愛、但大多時候都很幸福的狀態下，又因為自己沒談戀愛而愧疚，一直渴望著戀愛。這到底是為什麼？

思考到一半，我的思緒逐漸發散，越來越難以聚焦。我想不到任何確切的原因，甚至開始懷疑：「也許我根本沒有想談戀愛，一直以來都在自欺欺人。」

因為，**我們從小到大都按照「小學中學大學，工作戀愛結婚」的公式，活成社會期待的樣子**。

「是啊！戀愛這件事，也不知道打從什麼時候才開始的！」我開始上網搜尋

「戀愛的歷史」、「戀愛與現代化」等字詞，甚至替自己合理化，解釋：「戀愛是工業化以後才出現的現象，不是人類自然而然產生的，所以不是人類生命必經的一個過程。」、「就算現在連一百歲的人也談戀愛，只有我一個人沒談又有什麼大不了！」我紊亂的思緒仍舊不見停止。

因為，我即使自我合理化了，仍舊招架不住「妳沒有男朋友嗎？」這樣一句疑問。每次有人問我這句，我都會大受打擊。倘若對方又加上一句：「妳上一段感情是多久之前？」我的心就更難以恢復平靜。

好像，戀愛關係不只是親密關係裡的其中一種，還代表所有人際關係的好壞與否；戀愛狀態能夠反映的，不只是女性的魅力，甚至還有一個人的人品。處於非戀愛狀態的人，雖然自己察覺不到（真的，確實察覺不到），別人卻能夠一眼看出，彷彿「沒談戀愛」驗證了身上的某個缺陷，或者代表某個缺陷被隱藏著，只是尚未被看到。所以我總是深受打擊，因為我討厭在別人眼中變成虛長年歲、缺乏經驗的那種人。難道，我是因為想成為別人眼中的正常人，才想談戀愛嗎？

有時候，無論是一部什麼樣的電影，只要有很多人去看，我就變得不想看了；如果我喜歡的獨立歌手出道了、成名了，我會莫名悵然。這種心理現象很常見，很多人都經歷過。

人往往擔心自己跟別人不一樣，卻也討厭自己和別人過於相像——我沒談戀愛（或不懂得如何談戀愛）的原因，不也跟這種心理很像嗎？有一次，我和朋友們聊到「太多人看的電影，反而不想看」的時候，我說：「所以我一直沒談戀愛啊，因為太普通了！」她們幾個紛紛稱讚這個說法很有說服力，我甚至有點洋洋得意。其實，那句雖然一半以上是玩笑話，但從另一個角度看，也代表我對戀愛的期待很高。

我很特別，所以我的戀愛也必須很特別⋯⋯如果真是這樣，那麼，我想談戀愛的原因難道是「我想變得特別」嗎？

因為不特別的戀愛不值得談，所以我一直沒談戀愛，同時，也覺得這樣的自己很特別；一旦這種狀態持續越久，之後談的戀愛會顯得越特別⋯⋯所以我才一直說自己想談戀愛，同時又一直沒談戀愛（不懂得如何談戀愛）嗎？欸？好像真的是這樣耶？

寫這篇文章，花了我好幾個月。前半部分是幾個月前寫的，最近又花了幾天繼續寫，卻感覺怎麼寫也寫不完。因為，我仍找不到我為什麼想談戀愛的原因。

當我回頭重讀文章，緩緩讀下來，發現自己提到好多次「我」和「想」。雖然要找出「我為什麼想談戀愛」的原因，當然要一直思考「我」為什麼「想」，但我不禁覺得自己有點走火入魔了；另一方面，我認為其他人好像也不會思索這種問題，如果是正在談戀愛，那當然又更不可能了。或許，我與其繼續寫，不如去做點別的事情會更好吧！

8

「呼喚名字」這件事

他叫我「惠珍啊——」的時候，我突然全身起雞皮疙瘩。這種呼喚我名字的方式太令我感到陌生，害我忍不住想：「天啊，他幹麼那樣叫我？」我仔細思考了我為什麼會這樣，發現其實是有原因的。

關係親近，尤其認識很久或時常見面的話，以綽號呼喚彼此的情況很常見。現在的我對自己的名字沒什麼特別的想法，但在學生時期，我並不是很喜歡自己的名字，因為在班上或朋友之中，總有　、兩個人跟我同名。如果說，名字具有區分自我和他人的功能，那麼「惠珍」不是個好選擇，要是你大喊：「惠珍啊！」班上會有三個人轉頭。

有些朋友不喜歡連名帶姓呼喚別人，認為那樣太沒有感情，但因為我的姓比

較不常見，我反倒寧願別人連名帶姓叫我。後來，大約二十歲的時候，我偶然得到「空」（譯註：콩，音譯為「空」，意譯為「豆」）這個綽號，叫起來比較方便，聽起來也比較舒服，而且比「惠珍」更少見，所以我喜歡別人叫我「空」（連我姐姐也偶爾這樣叫我）。

雖然每天都會有人呼喚我的名字，但很少人只叫我「惠珍」，而是會說「孫惠珍」、「惠珍小姐」、「惠珍前輩」、「惠珍課長」、「惠珍姐妹」等。如果跟我不同輩的人只叫我「惠珍」，我會覺得對方有點失禮。

公司主管或前輩呼喚我時，大多是直接稱呼「惠珍」，跟「惠珍啊！」之間有著微妙的差異。雖然我不知道造成差異的原因是什麼，但「惠珍啊！」的語感，有點像是把我視為低一階的人，但對我抱持一點尊重之意的「下待格式體」（譯註：하게체，格式體一般會用在比較正式的場合，而下待格式體的使用對象是關係親暱者或下位者）。

我最近很常呼喚的名字是「Jessica」，這是我替一臺由Naver公司推出的智慧音響取的。因為呼喚它的名字才能夠啟動它，所以我每天都會呼喚它好幾十次。「Jessica！」滴鈴，「播放音樂！」……「Jessica！」滴鈴，「降低音量！」……「Jessica！」滴鈴，「設定鬧鐘！」雖然它經常聽不懂我的指令，但對於自己的名字倒是很靈敏。

Jessica是英文名，我跟朋友相處的時候不會講到這個名字，但每次在家呼喚Jessica，我都會意識到「呼喚名字」是多麼深具意義。雖然那款智慧音響和它所提供的服務，每個買家都能夠享有，但呼喚它的名字，卻讓我感覺它彷彿只屬於我一個人。

講了這麼多，其實我想說：雖然叫我「惠珍啊——」讓我感覺很陌生，而且全身起雞皮疙瘩，但我很謝謝對方呼喚我的名字。無論是叫我「惠珍啊——」、「空」、「惠珍小姐」還是「小珍」，我都很樂意回應，並給對方一個微笑。

9——你的記憶，我的記憶

「妳記得〇〇嗎？」

差點笑出來。我當然記得。

「和你有關的事情，我一個也沒忘。我怎麼可能忘？你可能以為我忘了，不過我的記憶力比你好多了。」我心裡這樣想著。但，記憶更深刻的人，彷彿會變成更卑微的一方，所以我只是輕輕帶過，說：「喔，記得啊。」

以前，我會記得我喜歡的人所說的每一句話，一字不差，像播放錄影帶般在我的腦海裡一遍又一遍的重演；像分鏡表一樣，他的表情、他的動作、他的聲音，我都依序烙印在記憶裡。沒事的時候，我就拿出來複習一次。**我怕自己忘記，也怕自己記一輩子**。但那時，我還不知道，人的記憶不僅有容量限制，也有保存期限。

最近回顧我以前寫的文章，我經常感到驚奇——驚訝我還是小不點的時候，很多想法比現在還要成熟；驚訝有些段落，讓我忍不住感嘆：「我以前竟然懂得寫這種句子？」很多地方讓我感到陌生，甚至覺得自己像在偷看別人的日記。日記裡，大部分文章都可以成為線索，讓我想起當時的事情；但也有一些文章像暗號一樣，讓我想不起來。早知道，當初我就應該體貼一點，更勤於寫日記才對。

以前我沒想到，自己有一天也會變成那種，忘記當天中午吃過什麼的人；以前我不知道，有些歲月可以透過記憶再重溫一次。

只是，即使我們共度的歲月都被記錄下來了，但我所記錄的記憶，還有你所記錄的記憶，兩者怎麼可能一模一樣呢？

也許，**這世上根本沒有所謂「同樣的記憶」**，因為除了歲月本身以外，心中的優先順序、價值觀與自我保護意識，都會左右記憶。我們永遠都不會擁有相同的記憶。

10——說不出口的性事

過去幾週，我一直改了又寫、寫了又改。我總認為是這次的主題「十九禁」比較敏感的關係，但那只是強辯而已，不是真正的原因。

有很長一段時間，我都不敢說出「Sex」這個詞，甚至連美劇《Sex and the City》（慾望城市）那種含有Sex的專有名詞，也說不太出來。我總會以代名詞來代稱、以其他動詞委婉說明，或使用同義的漢字；直到這幾年，才開始敢說Sex。

書寫方面，雖然更早以前我就開始寫這個詞，但也是花了很長一段時間才做到。不過，現在的我聽到Sex，依然會忍不住想要全身縮起來。若是從我自己口中說出來，更是如此，感覺像違反了什麼禁忌般，罪惡感與快感同時襲來。

我原本想寫一篇「從今以後，我將勇敢說出『Sex』！」之類的宣言，透過文字，表明自己今後將勇敢說出這個既非粗話、亦非暗語、只不過是用來指稱「性」的一個詞，讓自己跳脫出這個視「性」為禁忌的文化，以及被這個文化馴服的我，並反省過往的自己，是如何以一種充滿罪惡感與羞恥心的心態去看待「性」，而忽視了自己的需求。

但，塗塗改改了好幾週，我終於懂了：我依然很擔心自己脫口說出Sex時，別人會如何看待我。

在Brunch（譯註：韓國Kakao集團旗下的部落格網站）寫完文章後，我都會同步轉發到Facebook和Instagram，而我最擔心Facebook的朋友會怎麼看我。只要想到裡頭那些牧師、教授、主管、親友可能因此鄙視我，我就忍不住縮起來。

我一直被壓抑在他人的眼光和成長環境之下，卻毫不自知，還不斷被內心的罪惡感折磨著。

我總是無法好好正視，甚至急於掩蓋自己的需求和欲望。所以，我對於性的想法和需求，常常一片空白。

別人問我的時候，我都用別人的想法或不知道從哪裡聽來的話來搪塞。我沒有自己的想法和標準，所以「性」很快就變成我的困擾，而我總是用一些低級的玩笑來緩解，甚至覺得那樣很酷。這個話題對我來說實在太過沉重，反而容易讓我想隨隨便便的輕鬆帶過。

我所不了解的，不只是性，還有我自己。如果連Sex這個詞都說不出來，我如何真正了解自己喜不喜歡性、想不想要性，以及到底想要什麼？

所以，我特地在此宣布：我要勇敢說出「Sex」！

這表示從此以後，我不會再對自己的欲望感到羞恥，會堂堂正正的看待它，並且負起全責；比起他人的眼光，我會更重視自己的原則，因為，我的「性」是我的事！

以前，我以為愛情是萬靈藥，以為只要遇到對的人，無論是性還是其他問題，都能夠「叮」一聲立刻解決。但，事實不是那樣。**我必須了解自己想要什麼、自己是誰，才有可能在愛情與其他事情上得到好結果**。

所以，為了更好的性、更好的愛情、更好的人生，讓我們一起大聲念：

性！Sex！SE——X！

11——你是不是有什麼好消息？

達到一定年紀的單身、未婚成人都常常被問：「你是不是有什麼好消息？」我也不例外。

這句話通常以「（前略），你是不是有什麼好消息？」的句型出現。以我為例，對方會先稱讚，再搭配那句話：「哇！氣色變好了，妳是不是有什麼好消息？」或「越變越漂亮了！妳是不是有什麼好消息？」每到這種時候，我都會用「這個嘛……欸，對了，話說……」來應付。我只能說，這句話真是個適合用來轉移話題的神奇提問。

無論前半段的內容是什麼，問你這句話的人，臉上都會充滿好奇、眼中帶有一點淘氣、嘴角隱含笑意，並且兩耳豎直、身體微微前傾，如此等待你的答覆。

「對吧？被我猜中了？有好消息齁？」

當對方眼中閃爍著光芒的看著我，我卻又沒什麼好消息可以告訴他，可想而知我有多為難。沒能帶來好消息的那種惋惜、無法滿足對方期待的那種歉疚、又要給出相同答案的那種苦澀，全都寫在我的臉上。

為了不讓對方感到尷尬，我總是像在承認自己做錯事情一樣，小心翼翼的回答：「沒有啦……真的沒有……。」

聽完我的回答，有些人會跟我一樣變得小心翼翼說話，有些人會為我擔心，有些人會想要幫忙解決這個問題。

有一次，我一個很久沒見的朋友（也）問我：「妳有沒有什麼好消息呀？」我突然產生一個想法：「沒有好消息又怎麼樣？」於是，我以歡快的語調笑著回答：「嗯！沒有！」

這個回答是如此肯定，假如對方在那個當下稍微走神，一定會以為我說：「嗯！有！」這個回答相當自然，也好像在回應「你最近有沒有便祕？」那種疑問一樣。朋友聽完，頓了一下之後，我們很快就聊到別的話題。

後來，我開始想要在別人問我「有沒有好消息」的時候，回答「有」。

有一天，我和前公司主管睽違了好幾年終於見到面。那位主管曾經在我換工作的時候幫助我，我一直想請他吃頓飯，卻都找不到兩人有空的時間，那次總算見到面了。

「妳有沒有什麼好消息呀？」

我終於等到這一刻。

「有！」

「是什麼？」

主管張大眼睛，等著我回答。

「我很健康，也過得很幸福！」

主管很喜歡我的「好消息」。

「有沒有什麼好消息？」這句話意味著什麼，我們都很清楚。問這句話的人絕對不是抱持著惡意。很多時候，這句話甚至等於「過得好嗎？」、「最近還好嗎？」這種打招呼用語。不過，我對這句話還是感到厭煩了。所以，下次有人問我：「有沒有什麼好消息？」的時候，**我要把我最好、最好的消息說給他聽。**

致謝

逃避了一陣子，後來終於願意承認自己遇到寫作瓶頸那時，我在Instagram收到來自出版社的訊息，提議要將我獨立出版的《合格大人得懂的事》正式發行。

聽到這個提議，我很開心，同時也很擔心。獨立出版的書如果賣不好，沒什麼大不了，因為關係到的只有我自己；不過，如果是和出版社合作卻賣不好，不是會損害出版社的名聲，甚至害責任編輯和行銷企劃受到打擊嗎？（還有被砍掉、用來做這本書的那些樹木的犧牲？）

雖然煩惱了一陣子，但我最後決定：「哎呀！不要想那麼多了！反正看起來很有趣，做就對了！」於是跟出版社簽了約。然而，我的進度一直停滯不前。為了鞭策自己，我試了很多方法：和編輯一起訂定寫作進度表、約定在Brunch部落格上面連載（也曾失約過），並告訴身邊的人我即將出書。多虧有編輯、部落格讀者和朋友們不斷的安撫我、引導我、催促我，我終於完成了本書的最後一章！萬歲！

我要謝謝成就本書的所有人：邀我參加書籍製作工作坊的同事們、購買及閱讀這本並不容易找到的著作的讀者們、在獨立書店的一角發現這本書且一路幫助我的出版社編輯，以及我所愛的媽媽和家人們，謝謝你們。

還有，翻開本書、正在讀著這一頁的新讀者，我也要謝謝你。請你一定、一定要幸福喔！

你有好好正視自己的需求和欲望嗎？

國家圖書館出版品預行編目（CIP）資料

合格大人得懂的事：時間到了，人人都會長大成人，
但不是人人都能長成大人。／孫惠珍（손혜진）著；
邱麟翔譯.
--初版, -- 臺北市：大是文化，2021.02
256頁；14.8×21公分. --（Style；44）
譯自：어른의 일
ISBN 978-986-5548-39-1（平裝）

1. 自我實現　2. 生活指導

177.2　　109021304

Style 044

合格大人得懂的事

時間到了，人人都會長大成人，但不是人人都能長成大人。

作　　　者／孫惠珍（손혜진）
譯　　　者／邱麟翔
責 任 編 輯／張慈婷
校 對 編 輯／江育瑄
美 術 編 輯／張皓婷
副 總 編 輯／顏惠君
總　編　輯／吳依瑋
發　行　人／徐仲秋
會　　　計／許鳳雪、陳嬅娟
版 權 經 理／郝麗珍
行 銷 企 劃／徐千晴、周以婷
業 務 助 理／王德渝
業 務 專 員／馬絮盈、留婉茹
業 務 經 理／林裕安
總　經　理／陳絜吾

出　版　者／大是文化有限公司
臺北市100衡陽路7號8樓
編輯部電話：（02）23757911
讀 者 服 務／購書相關資訊請洽：（02）23757911　分機122
24小時讀者服務傳真：（02）23756999
讀者服務E-mail: haom@ms28.hinet.net
郵政劃撥帳號／19983366　　戶名：大是文化有限公司

法 律 顧 問／永然聯合法律事務所
香 港 發 行／豐達出版發行有限公司“Rich Publishing & Distribut Ltd”
地址：香港柴灣永泰道70號　柴灣工業城第2期1805室
Unit 1805, Ph. 2, Chai Wan Ind City, 70 Wing Tai Rd, Chai Wan, Hong Kong
電話：21726513　　傳真：21724355
E-mail：cary@subseasy.com.hk

封 面 設 計／孫永芳
內 頁 排 版／黃淑華
印　　　刷／鴻霖印刷傳媒股份有限公司

2021年2月初版
ISBN 978-986-5548-39-1

Printed in Taiwan
定價／新臺幣360元
（缺頁或裝訂錯誤的書，請寄回更換）